Buddhismus

Das Einsteiger-Buch für ein Leben im Einklang, mit Achtsamkeit und Meditation

3 x Bonus:
66 Zitate von Buddha
A-Z Glossar
Meditationsübungen

Autor: Alexandra Morgenstern

1. Auflage 2019

Inhalt

Vorwort

Im Allgemeinen werden die folgenden 5 großen Weltreligionen unterschieden: „Buddhismus“, „Christentum“, „Hinduismus“, „Judentum“ und „Islam“.

Der Buddhismus ist mit inzwischen geschätzten 450 Millionen Anhängern weltweit die viertgrößte Weltreligion, die überwiegend in den asiatischen Ländern verbreitet ist. Die Geschichte des Buddhismus reicht bis ins 6. Jahrhundert vor Christus zurück.

Buddha ist der Begründer des Buddhismus. Seine Lehre wird auch, wie der Hinduismus, als Erfahrungsreligion bezeichnet, dessen Bestreben die Entfaltung des eigenen Geistes ist.
Über den Weg der Mitte und das Befolgen des Dharma, der Lehre des Buddhismus, soll die Erleuchtung als Ziel erreicht werden. Der Weg dorthin führt über die Selbstständigkeit und die Eigenverantwortung des Menschen, weshalb man im Buddhismus kaum Vorschriften von außen findet.

Mithilfe von Meditation soll zur Selbsterlösung gefunden werden. Der Ausweg aus dem immerwährenden Kreislauf der Wiedergeburt und des Leidens ist das eigentliche Ziel des Buddhismus.

Viele seiner Lehren und überlieferten Weisheiten dienen den Menschen weltweit in Form von Zitaten als Motivation und Inspiration. Am Ende des Buches finden Sie deshalb 66 Zitate von Buddha, die Ihnen im Alltag ermöglichen sollen, sich der Achtsamkeit immer wieder bewusst zu sein.

Jeder Mensch, unabhängig von Geschlecht und Herkunft, kann Buddhist werden. Mit diesem Buch möchte ich Ihnen den Buddhismus nahebringen, denn vielleicht kann dieser auch für Ihr Leben von Bedeutung werden.

Als Bonus finden Sie eine kleine Anleitung zum Meditieren mit Mediationsübungen sowie ein A-Z Glossar über Begriffe und Bedeutungen im Buddhismus.

Vielen Dank.

Ihre Alexandra Morgenstern

Das Leben des Buddha

Der Buddhismus beruht auf der Lehre von Siddhartha Gautama, der 563 bis 483 v. Chr. lebte und nach seiner Erleuchtung Buddha (für „Der Erwachte") genannt wurde. Neben seiner Bezeichnung als „Buddha" erhielt Siddhartha Gautama auch Ehrennamen wie „Tathagata" („Der So-Dahingelangte") und Shakyamuni („Der Weise"). In einigen Aufzeichnungen findet sich daher auch der Name Siddhartha Gautama Shakyamuni wieder, wenn man nach der Geschichte von Buddha sucht.

Der Name Siddhartha, dem ihm seine Eltern gaben, bedeutet „Der erfüllte Wunsch" oder „Der sein Ziel erreicht hat". Der Name Gautama steht für „Anführer der Herde" oder „Größter Stier" und zeigt, wie auch bei unseren Nachnamen, die Zughörigkeit zur Gautama - Familie an.

Da über das Leben von Buddha erst nach dessen Tod die ersten Informationen gesammelt wurden und diese dann ausschließlich mündlich von den Dharma - Ausführenden weitergegeben wurden, gestaltet sich die Trennung von Legende und Wahrheit als schwierig.

Infolgedessen findet man häufig die folgende einheitliche, traditionell übermittelte Lebensdarstellung von Buddha:

Der Prinz Siddhartha Gautama wurde im Jahre 563 v. Chr. als Sohn einer Fürstenfamilie in der damaligen Stadt Kapilavastu (heute in der Nähe von Nepal) geboren.

Seine Geburt an einem Vollmondtag im Mai wurde von besonderen Zeichen begleitet und seine Eltern erhielten die folgende Prophezeiung: „Der Junge wird ein großer Herrscher werden und jeden Eurer Wünsche erfüllen, wenn er nicht mit dem Leiden der Welt in Berührung kommt. Wenn er jedoch das Leidbringende wahrnimmt, wird er alles verlassen und eine neue Dimension erschaffen."

Daraufhin wuchs der Prinz in einer künstlichen Welt auf, in dem er in Luxus und Frieden lebte, eng mit seiner Familie verbunden war und nur Schönheit, Jugend, Vergnügen und freudige Erlebnisse erfuhr.

Bei Ausflügen in die reale Welt wurde alles entsprechend vorbereitet, so dass der Prinz ausschließlich gesunde und glückliche Menschen in seinem Umfeld sah.

Er war feinsinnig, mutig und durch sein freundliches Gemüt überaus beliebt. Er genoss das Leben im Luxus und heiratete mit 16 Jahren Prinzessin Yashodhara, mit der er seinen einzigen Sohn Rahul bekam.

Als 29-Jähriger verspürte er verstärkt das Verlangen, die Welt außerhalb seines Palastes kennenzulernen und überredetet seinen Vater, auf Erkundungstour gehen zu dürfen. Obwohl der ihn begleitende Kutscher ausführliche Anweisungen des Vaters erhielt, dem Sohn nur Schönes und Friedvolles zu zeigen, lernte der Prinz, neben der Schönheit der Natur seines Landes, auch die Schattenseiten des Lebens kennen.

Am ersten Tag trafen sie auf einen schwerkranken Mann am Wegesrand, der vor lauter Schmerz laut stöhnte. Die Verletzlichkeit des menschlichen Körpers machte Siddhartha sehr betroffen, zumal er noch nie zuvor einen kranken Menschen gesehen hatte.

Am zweiten Tag sahen sie am Wegesrand eine alte gebrechliche Frau, die gebückt und humpelnd vor sich hinschlich. Wieder erschütterte Siddhartha die Erkenntnis, dass der Alterungsprozess des menschlichen

Körpers, und der damit verbundene Abbau der Leistungsfähigkeit, unaufhaltsam sind.

Am dritten Tag begegneten sie auf ihrer Reise Sänftenträgern, die einen toten Körper transportierten. Die Bestätigung, dass der Tod jedem Menschen widerfahren wird, dass er das Schicksal aller Menschen der Erde ist, bedrückte Siddhartha sehr.

Diese drei Begegnungen trafen ihn völlig unvorbereitet und er war zutiefst erschüttert.

Am folgenden Tag sah er dann einen Mann, der sich mit einem zufriedenen und glücklichen Lächeln in tiefer Meditation befand. Siddhartha erkannte, dass wahre Freiheit nur im eigenen Geist zu finden ist.

Die Erkenntnis, dass Freude, Kraft und Jugend für alle Menschen vergänglich sind, ließ ihn nicht mehr los. Es bedrückte und belastete ihn so sehr, dass er seine Familienangehörigen trotz des Reichtums nicht vor dem Tod bewahren können würde. Er wurde besessen von dem Wert der Sterblichkeit. Die Begegnung mit dem meditierenden Mann beschäftigte ihn beharrlich. Er spürte, dass er niemals zu der Einsicht dieses Mannes vordingen könnte, wenn er weiterhin als Prinz am gesellschaftlichen Leben teilnehmen würde.

Der Vater konnte das Problem seines Sohnes nicht nachvollziehen und untersagte ihm weitere Ausflüge außerhalb der Palastmauern. Den königlichen Angestellten wies er an, dafür zur sorgen, dass sein Sohn weiterhin nur Erfreuliches und Schönes vorfinden sollte.

Nachdem es Siddhartha daraufhin nicht mehr gelang, den Palast zu verlassen, fielen eines Abends wie durch ein Wunder alle Familienmitglieder und Angestellten in einen tiefen Schlaf.

Siddhartha spürte, dass dieser Moment seinen Weg ebnen würde und er verließ, nach einem letzten Blick auf seine Frau und seinen Sohn, den Palast und sein damit verbundenes Prinzendasein.

Er traf im Stall auf den Kutscher, der ihm sein Lieblingspferd sattelte. Der Kutscher versuchte den Prinzen von seinem Vorhaben abzubringen, jedoch ohne Erfolg. So gelang es Siddhartha, mithilfe des Kutschers, die Stadttore zu verlassen. Er übergab dem Kutscher seine Juwelen und bat ihn, das Pferd

zurückzubringen und weiterhin der Familie zu dienen.
Siddhartha schnitt sein langes Haar, das Zeichen seiner adligen Abstammung, ab und übergab dieses dem Kutscher. Er bat diesen, der Familie auszurichten, sich nicht zu sorgen, denn er müsse seiner Berufung folgen und seine Mission erfüllen.

In Lumpen bekleidet zog er hinaus in die Wälder und studierte bei verschiedenen Lehrern, aber er fand bei keinem Lehrer die Antwort auf seinen tiefen Wunsch nach der Erleuchtung.

Immer seinem Ziel vor Augen vertrat Siddhartha die Annahme, Sinneseindrücke seien Hindernisse auf der Suche nach geistiger Klarheit. Als Prinz konnte er alle Freuden der Sinne und des Körpers genießen. Mit der Unterdrückung dieser wollte er seinem Bedürfnis nach Erleuchtung endlich näherkommen.
So schloss er sich einer Gruppe von fünf Asketen an und übte sich mit ihnen sechs Jahre lang in völliger Entsagung in den Wäldern beim heutigen Bodhgaya. Er ernährte sich von wenig Wasser und einigen Reiskörnern, badete und pflegte sich nie, und

wurde deshalb als Vorbild in der Asketen - Gemeinschaft auserkoren.

Dabei kam er dem Hungertod sehr nahe.

Er erkannte dann schließlich, dass die Askese ihn seinem Ziel nicht näherbrachte, dass sie seinen Körper und seinen Geist schwächte und wandte sich von den Extremen ab. Dieses Erlebnis war ein weiterer Einschnitt in seinem Leben, die Distanzierung von den Extremen.

Er badete in einem Fluss, trank etwas Milch und wurde schließlich von den anderen fünf Asketen verbannt, weil er das Enthaltsamkeitsgelübde gebrochen hatte.

Unbeeindruckt von deren Verhalten machte sich Siddhartha entschlossen auf seinen Weg. Er setzte sich unter den bekannten Bodhibaum (Pappelfeige) und schwor sich, diesen Ort erst wieder zu verlassen, wenn er die verschiedenen Ebenen der erhofften Erfahrungen durchlebt hat.
So saß er sechs Tage und Nächte in tiefster Meditation. Er bemerkte in seiner Versenkung weder innere noch äußere Ablenkung.

In der Morgendämmerung des siebten Tages, des Vollmonds im Mai, erlangte er mit 35

Jahren die Erleuchtung und wurde zum Buddha („der Erwachte“).

Dies bedeutete die vollkommende Reinigung von allen Schleiern der Unwissenheit (=Sang) und die absolute Entfaltung aller dem Geist innewohnenden Eigenschaften (=Gye), daher der Begriff „Sangye“ im Tibetischen Buddhismus.

Buddha berührte nach seiner Erleuchtung mit den Fingerspitzen seiner rechten Hand den Boden, und bat somit die Erde, Zeuge für das Erreichen seiner Erleuchtung zu sein. In dieser Geste ist Buddha oft als Statue zu finden. Diese spiegelt das Symbol für Buddhas, auf Mitgefühl und Weisheit gegründete Handlungen zum Wohl aller Lebewesen, wider. Ebenfalls gilt diese Geste für die vollkommene Erleuchtung, die Erkenntnis vom furchtlosen und liebevollen Raum des Geistes.

Buddha blieb in Meditation weitere sieben Wochen unter dem Bodhibaum. Er musste nichts aufarbeiten und auch nichts erreichen. Im Tibetischen Buddhismus heißt es bei der Diamantweglehre „Höchste Wahrheit ist höchste Freude“.

Was ist Buddhismus?

Buddhismus ist die Lehre nach Buddha, bei der alles, was im Leben an Erfahrungen und Geschehnissen vorkommt, nicht Ursache im derzeitigen, sondern in den vergangenen Leben ist. Das Karma hat einen wesentlichen Einfluss auf das Leben des Menschen, denn es bestimmt die Handlungen, Gedanken und auch seine Worte. Dadurch ist auch sichtbar, warum jedes Leben von inneren und äußeren Umständen geprägt ist.

Streng genommen zählt der Buddhismus zu den Religionen, jedoch in einem ganz anderen Maße als das Judentum, Christentum oder auch der Islam.

Buddhismus zählt wie auch der Hinduismus und Taoismus zu den Erfahrungsreligionen, deren Ziel darin besteht, den eigenen Geist zu entfalten und Achtsamkeit vor dem eigenen und dem Leben anderer Menschen zu erlangen.

Für einen Buddhisten bedeutet dies, dass er die Erleuchtung erlangen kann, denn diese Fähigkeit ist ihm von Geburt an gegeben. Hier ist der Weg das Ziel. Und zu diesem gelangt der Buddhist nur über die Eigenverantwortung seinem Leben gegenüber und durch Selbstständigkeit.

Der Buddhismus selbst schreibt den Menschen wenig vor, denn sie sollen Buddhas Lehren hinterfragen und durch ihre eigenen Erfahrungen prüfen.

Ein sehr bekanntes Zitat lautet: „Triffst du Buddha, töte ihn“.

Kern der buddhistischen Lehre

Die folgenden 4 Wahrheiten sind Kern der buddhistischen Lehre:

1. Solange der Geist seine Natur nicht erkannt hat, gehört zum Leben zwar Freude, jedoch auch Leid. Denn gerade Krankheit, Alter und auch der Tod sind nicht zu vermeiden und werden immer noch als unangenehm beschrieben und erlebt.
2. Es gibt bestimmte Ursachen warum der Geist seine wahre Natur nicht sieht.
3. Jeder kann die Natur seines Geistes erkennen, also jeder Mensch kann erleuchtet werden.
4. Es gibt praktische Mittel, um dies zu erreichen.

Die buddhistische Lehre setzt keine Glaubensregeln fest und sie wird auch nicht von Prüfungen abhängig gemacht. Jeder Mensch soll sich so entfalten können, wie es für ihn möglich ist.

Meditation ist ein Werkzeug für den Menschen, um dauerhaftes Glück zu erreichen. Denn erst dann werden die eigenen Erfahrungen, die man gesammelt hat, auch wirklich verstanden.

Beim **Theravada** geht es darum, Leid bringendes Verhalten zu vermeiden. Beim **Mahayana** wird der Mittelpunkt darauf aufgerichtet Zorn zu vermeiden. Im **Varayana** soll der Mensch die Welt immer aus einer reichen und selbst befreienden Sichtweise heraus betrachten.

Der Buddhismus hat sich durch das Wirken des historischen Buddhas zu einer Weltreligion mit einer ununterbrochenen Überlieferung entwickelt. Sie wendet sich allen suchenden Menschen zu. Durch die Achtsamkeit und Eigenverantwortung des jeweiligen Menschen, ebenso durch Toleranz und absolute Gewaltlosigkeit, zeichnet sich diese Lehre aus.

Vielen ist mit Sicherheit das Wort Karma schon einmal im Zusammenhang mit dem Buddhismus begegnet. Dies ist einer der zentralen Kerne dieser Religion. Der Großteil der Menschen denkt, dass Karma etwas mit dem Schicksal zu tun hat. Dies ist jedoch nicht korrekt. Karma beinhaltet das Zusammenspiel von Ursache und Wirkung, denn jeder Mensch ist für sein Leben selbst und zudem ganz allein verantwortlich. Wer dies verstanden hat, ist in der Lage, durch bewusstes Handeln die Eindrücke im Geist so zu verarbeiten, dass diese ihn zum Glück führen und künftiges Leid somit vermieden wird.

Natürlich bedeutet dies nicht, dass derjenige für das Leid anderer Menschen immun ist, allerdings versteht sich der Buddhismus darauf, dass jeder Mensch stetig nach dem eigenen Glück strebt.

Handlungen wie Diebstahl, Betrug, Töten und sexueller Missbrauch sieht der Buddhismus nicht etwa darin, dass der jeweilige Mensch bösartig ist, sondern darin, dass er die Wirkung und Ursache von Karma noch nicht verstanden hat.

Laut der buddhistischen Lehre hat der Mensch, der Leid erfährt, seine Grundlagen dafür in der Vergangenheit selbst erschaffen. Allerdings hat er dies nicht bewusst getan, jedoch kann er diese Handlung nicht mehr rückgängig machen. Deshalb wird den Buddhisten stets nahegelegt, anderen immer unvoreingenommen und couragiert zu helfen, wann immer ihm dies möglich ist.

Im Vajrayana lässt sich Karma, dass noch nicht in Form von Erlebnissen reif geworden ist, verändern: Positives kann verstärkt und Negatives abgebaut werden.

Die buddhistischen Wege

Während seiner 45-jährigen Lehrzeit gab Buddha den Menschen Erklärungen und Ratschläge, wie sie ihr Leben am sinnvollsten nutzen können, damit sie ihre Schwierigkeiten meistern und dauerhaftes Glück erfahren können.

Die Aussagen von Buddha bezogen sich immer auf die aktuellen Gegebenheiten und persönlichen Einstellungen, Voraussetzungen, Erfahrungen und Fähigkeiten seiner Schüler. Dies wurde stets von ihm berücksichtigt und daraus entstand eine sehr vielfältige und auch äußerst umfassende Sammlung seiner buddhistischen Lehren.

Buddha selbst hatte diese nie unterteilt und trotzdem bildeten sich verschiedene Wege für die geistige Entwicklung. Jeder Weg bietet andere Zugänge und auch Methoden. Diese unterschiedlichen Wege werden oftmals verschieden eingeteilt.

Theravada („Kleiner Weg"), **Mahayana** („Großer Weg") und **Vajrayana** („Diamantweg") sind in erster Linie Schwerpunkte der Meditation.

Allerdings ist es egal, für welche Einteilung man sich entscheidet, wichtig ist, dass man in der Lage ist, diese auch zu verstehen. Die Wege sind niemals gegensätzlich. Es handelt sich um unterschiedliche Zugänge, die sich immer wieder gegenseitig ergänzen und aufeinander aufbauen.

Theravada

(„Schule der Ältesten", „Kleiner Weg" bzw. „Kleines Fahrzeug")

Dies ist die älteste, existierende Schultradition des Buddhismus und sie wird heute vor allem in Myanmar, Sri Lanka, Thailand, Laos, Kambodscha und zum Teil auch in Vietnam verbreitet. Der Theravada wird auch als „Alter Weg" bezeichnet. Die Hauptschwerpunkte liegen beim Beruhigen und Festhalten des Geistes und es sollen Leiden und Schwierigkeiten im Alltag vermieden werden. Diese Schultradition genießt gerade bei den Mönchen eine hohe Stellung und setzt sich vor allem in den südasiatischen Ländern durch. Beim Theravada wird darauf geachtet, dass sich der Schwerpunkt gerade auf positivem, äußerem Verhalten und Vermeidung von schwierigen Situationen bezieht, welches auch sehr mit dem Mönch- oder Nonnentum in

Verbindung gebracht wird. Dadurch werden angenehme Rückkopplungserfahrungen gemacht. Verbunden wird dies durch Meditationen. Der Mensch wird zur Einsicht bewegt, dass er selbst die Grundlage aller Schwierigkeiten ist und er keine unabhängige Existenz besitzt. Dies wird als Ziel gesetzt, um sich von allem Leid zu befreien. Ein Arhat oder auch „Feindbesieger" genannt, ist jemand, der diesen Zustand erreicht hat und Ruhe in sein Leben, vor allem aber in die geistigen Bereiche gebracht hat. Immer mit dem Blick darauf, dass er kein unabhängiges Ich ist.

Mahayana
(„Großer Weg" bzw. „Großes Fahrzeug")

Dies ist der zweite von drei Hauptschwerpunkten im Buddhismus, welche ihren Mittelpunkt auf die Entwicklung von Weisheit und auch tatkräftiger Liebe und Mitgefühl gelegt hat. Ziel ist es, das Leben seiner Mitmenschen und für sich selbst sinnvoller und auch reicher zu gestalten. Laien denken oftmals, dass sich dieser Weg durch das äußere Verhalten auszeichnet, jedoch ist es die zugrunde liegende Motivation. Es sollen die eigenen Fähigkeiten

verbessert und schließlich vervollkommnet werden. Die höchste Stufe ist die Buddhaschaft als letztendliches Ergebnis, bei der alle geistigen Eigenschaften zur vollen Reife gebracht werden.
Das Mahayana ist überwiegend in Japan, Bhutan, Vietnam, Tibet, Taiwan, in der Mongolei, ostasiatischen Teilen Russlands, sowie den Volksrepubliken Korea und China zu finden.

Vajrayana

(„Diamantweg“)

Das Vajrayana wird direkt auf Buddha zurückgeführt und wird auch als Diamantweg bezeichnet. Menschen mit einem grundlegenden Vertrauen in ihre eigene Buddhanatur sowie in alle anderen Wesen, zieht Vajrayana sehr an. Denn es ist ein wesentlicher Bestandteil, die Sichtweise zu pflegen, dass alle Wesen alle erleuchteten Eigenschaften wie Freude, Furchtlosigkeit und auch tatkräftiges Mitgefühl bereits besitzen. Zudem spielt es eine große Rolle, welche Eigenschaften in verschiedenen Arten der Weisheit schon von Anbeginn im Geist vorhanden sind.

Um dorthin zu gelangen, muss der Schleier abgelegt werden, der daran hindert, dies zu erfahren.

Wer dorthin gelangen möchte, der übt sich darin, auf die höchstmögliche und reinstmögliche Ebene zu gelangen und so den Reichtum des Lebens in jeder Lebenslage zu erhalten und zu erfahren. Wenn man auf der Stufe angelangt ist, dass man sich mit der eigenen Buddhanatur identifizieren kann und alle geistigen Schleier abgelegt hat, hat man die Erleuchtung oder auch Buddhaschaft erreicht.

Überwiegend hat sich diese Lehre im tibeto-mongolischen Raum bis in die Mongolei und nach Burjatien und Tuwinien verbreitet. In Indien hat man sich weitgehend von dieser Lehre distanziert, jedoch in den hinduistischen Advaita Vedanta - Lehren ist es mit einigen Unterschieden erhalten geblieben. Allerdings sind sowohl in Japan und auch in China tantrische Lehren eingeführt worden. In Buthan ist der Vajrayana-Buddhismus Staatsreligion.

Das Ziel ist die Reinkarnation

Im Buddhismus gibt es, im Gegensatz zu vielen anderen Religionen, eine genaue Erklärung, was während des Sterbeprozesses und danach mit dem Menschen geschieht. Der Buddhismus sieht es als selbstverständlich an, dass sich das Bewusstsein des verstorbenen Menschen einige Wochen nach dessen Tod wieder mit einem neuen Körper verbindet. Dadurch können wiedergeborene tibetische Meditationsmeister bewusst Geschichten aus ihren früheren Leben erzählen. Buddha selbst hat damit begonnen.

Doch was genau bedeutet es eigentlich, wenn man reinkarniert bzw. wiedergeboren wird? Nicht der Körper macht den Menschen aus, sondern die in ihm darin wohnende, unsterbliche Seele. Wenn ein Mensch stirbt, dann verlässt dieser die sterbende Hülle und kehrt zurück in die sogenannte geistige Ebene. Wenn die Seele nun in einen anderen Körper zurückkehrt, dann spricht man davon, dass sie reinkarniert oder auch wiedergeboren wird. Als „Inkarnation" wird in diesem nicht endenden Kreislauf ein einzelnes Leben bezeichnet. Das Wort „Reinkarnation" entstammt dem Lateinischen und bedeutet

„wieder zu Fleisch werden“ bzw. „Wiederverkörperung“. Es gibt auch Begriffe wie „Seelenwanderung“ oder „Transmigration“ für dieses Wort.

Die Reinkarnation ist im Buddhismus vollkommen normal. Um diesen Prozess bewusst erleben und auch steuern zu können, gibt es Methoden, bei denen das eigene Bewusstsein in eine bestimmte geistige Ebene geführt wird. Dies kann z.B. durch die sogenannte Phowa-Meditation erreicht werden, bei der man fähig ist, den Geist auf das Sterben vorzubereiten. Im Moment des Todes gelingt es dann, den Geist in einen befreiten Zustand zu überführen. Nur so kann er sich wieder mit einem menschlichen Körper verbinden.

Die Frage ist immer, was wird eigentlich reinkarniert? Wiedergeboren wird der eigene Geist. Doch obwohl die Buddhisten den Geist soweit untersucht haben, wie es nur möglich war, konnten sie dies nicht genau beschreiben. Bei diesen Untersuchungen ist jedoch festgestellt worden, dass es viele verschiedene Wahrnehmungs- und Bewusstseinsebenen gibt.

In der Schule und auch in zahlreichen Quellen können wir lesen, dass unser menschliches Bewusstsein im Gehirn durch chemische und energetische Prozesse hergestellt wird. Allerdings können trotzdem viele Prozesse einfach nicht erklärt werden. Um dies zu verdeutlichen, nennen wir hier zwei Beispiele. Es kommt oft vor, dass wir wissen, wer gerade anruft, bevor wir an das Telefon gehen und abnehmen. Oder wir denken an einen bestimmten Menschen und erhalten plötzlich von demjenigen eine Nachricht.

Der Buddhismus ist der Ansicht, dass nicht das Gehirn unser Bewusstsein herstellt, sondern dass es lediglich ein Ausdruck des dahinter liegenden Geistes ist. Vergleichen kann man dies in etwa mit einem Radio, allerdings nicht mit dem Sender. Das Gehirn eines Menschen empfängt den Bewusstseinsstrom aus diesem Raum, verarbeitet diesen und gibt ihn schließlich wieder in die Welt zurück.

Dieses Erleben kann durch unsere Augen sehen und durch unsere Ohren hören, doch dieser Geist ist kein Ding, keine Größe, Form oder auch Farbe. Von der Natur her ist es vergleichbar mit einem Raum, allerdings ist es kein schwarzes Loch und kann dadurch auch nicht einfach verschwinden oder sich auflösen.

Denn in dem Raum ist das Bewusstsein, mit welchem wir auch Dinge verstehen können, die sich nicht logisch erklären lassen, sondern nur mit Gefühl und Eingebung verstanden werden können. Unser Geist hat keine Grenzen und ist leuchtend klar. Diese Klarheit und Grenzenlosigkeit kann nicht auseinanderfallen und ist auch nicht zusammengesetzt.

Ist der Geist in der Lage, das eigene zeitlose Wesen zu erkennen, und nicht nur die Eindrücke, die er tagtäglich bekommt, dann ist für ihn sowohl das Sterben, wie auch das Wiedergeborenwerden ein vollkommen natürlicher, aber auch bewusster Vorgang. Es ist in etwa vergleichbar damit, dass wir immer wieder neue Kleidung benötigen, denn so braucht unser Geist eben von Zeit zu Zeit einen neuen Körper.

Die meisten Menschen nehmen weder ihre Wiedergeburt, noch die vorangegangenen Leben wirklich bewusst wahr. Wir sehen immer wieder Bilder in einem Spiegel, jedoch nicht den Spiegel selbst. Dadurch identifizieren wir uns eher mit den Bildern, die die Erlebnisse darstellen, anstatt mit dem Vorgang an sich. Wir bekommen immer wieder einen ständigen Strom von Eindrücken, der sich sehr real anfühlt, der aber nicht existiert. Zumindest nicht in diesem Leben.

Dadurch glauben wir, dass die Sinneseindrücke, die wir erleben, einmalig sind. Durch dieses Unbewusstsein ist der Geist in einem sich ständig wiederholenden Kreislauf von Wiedergeburten gefangen. Somit suchen wir uns nach dem Tod nicht bewusst einen neuen Körper, wir werden von unterbewussten Abläufen getrieben und dadurch in einen endlosen Kreislauf der Wiedergeburten gefangen. Es ist dabei vollkommen gleichgültig, wie wir sterben, ob nach langer Krankheit oder schlagartig bei einem Unfall, das Sterben läuft immer gleich ab. Das Bewusstsein trennt sich vom Körper.

Damit dies auch verstanden werden kann, ist es hilfreich, sich einmal den Zeitpunkt zu verinnerlichen, an dem der Körper entstanden ist. Das Ei der Mutter und der Samen des Vaters treffen im Körper der Mutter zusammen. Der Samen hat eine weiße und das Ei der Mutter eine rote Energie. In dem Moment, in dem die beiden zusammenkommen, vermischen sich ihre Erbmassen und der Bewusstseinsstrom verbindet sich mit Ei und Samen. Anschließend haben die in unserem Bewusstsein gespeicherten Eindrücke bestimmt, wovon wir uns angezogen fühlen und das bestimmt dann auch die Form der Wiedergeburt: Unsere Eltern, die Gene und das Wachstum unseres Körpers.

Die weiße Energie wandert als Licht nach oben, bis sie acht Finger breit hinter dem (ursprünglichen) Haaransatz unter der Schädeldecke bleibt. Die rote Energie bewegt sich nach unten und verbleibt schließlich vier Finger breit unterhalb des Nabels. Seitdem diese beiden Energien sich in unterschiedliche Richtungen bewegt haben, verläuft zwischen den beiden Polen eine Energie in Form einer Achse durch den Körper, auf dessen „Weg" sich mehrere Energiezentren befinden. Davon strömen ebenfalls viele Energiekanäle durch den Körper.

Wenn ein Mensch stirbt, ziehen sich diese Energien wieder in den Zentralkanal zurück. Dadurch werden die Sinne schwächer und das Fühlen, Sehen und auch Hören nimmt ab. Danach verliert der Mensch die Kontrolle über den feststofflichen Körper, das bedeutet, er kann nicht mehr sitzen und es kommt ein permanentes Druckgefühl auf. Anschließend ist das Fließende, wie z.B. die laufende Nase, nicht mehr zu kontrollieren. Danach verliert sich die Beherrschung der Körperwärme, die Finger und Zehen werden kalt. Zum Schluss wird der Atem immer stockender. Während dieser Prozesse verliert der Mensch immer mehr die Kontrolle des Bewusstseins, bis dieses ihn dann schließlich vollkommen verlässt.

Der Mensch atmet dann noch drei Mal aus und beim letzten Mal nicht wieder ein. Der äußere Austausch von Sauerstoff ist eingestellt, allerdings bewegen sich in den nächsten 20 bis 30 Minuten die rote und die weiße Energie im Körper wieder aufeinander zu. In den ersten 10 bis 15 Minuten löst sich die weiße Energie von der Schädeldecke und wandert in das Herzzentrum in der Körpermitte. Mit ihm verschwinden dann auch Gefühle, die ihren Ursprung im Zorn und im Widerwillen haben und der Geist wird klar. Sehr große Freude kommt auf.

Wenn beide Energien in der Körpermitte zusammenfinden, wird zunächst einmal alles schwarz. Alle Gefühle, die auf Dummheit beruhen, verschwinden und das Bewusstsein, das bis dato über den ganzen Körper verteilt war, zentriert sich nun in der Körpermitte und wird als klares Licht erlebt.

Wer dieses Licht dann festhalten kann – wie Yogis und Lamas – der wird erleuchtet. Das bedeutet, dass jedes Gefühl einer Trennung zwischen einem Licht draußen und drinnen sowie zwischen Vergangenheit, Gegenwart und Zukunft wegfällt. Man ist in der Lage, sich bewusst wiedergebären zu lassen, um Mitgefühl in der Welt auszudrücken und allen anderen Wesen zu nützen.

Jedoch werden die meisten Menschen in diesem Augenblick ohnmächtig, denn die Kraft des Lichtes überwältigt sie. Etwa 68 bis 72 Stunden nach dem Tod wird man wieder wach und durchlebt nun drei Phasen.

Zuerst will man einfach nicht wahrhaben, dass man tot ist. Vom 3. bis zum 10. Tag besucht man seine Lieblingsorte und versucht, wieder Kontakt zur Familie und zu Freunden herzustellen. Doch dies ist nicht möglich, denn die Hinterbliebenen können einen nicht mehr wahrnehmen, da man keinen Schatten wirft, kein Spiegelbild hat und auch keinen Schmerz empfindet.

Dadurch lässt man am 10. Tag die Tatsache zu, dass man tot ist und fällt aufgrund des Schocks, der eine immense Kraft hat, erneut in Ohnmacht. Dies ist die zweite Phase, in der die Eindrücke aus dem letzten Leben zum Erliegen kommen.

Dann folgt die dritte Phase, die sich über die nächsten fünfeinhalb Wochen hinzieht. Die

Eindrücke, die unbewusst gespeichert wurden, kommen an die Oberfläche. Die aufkommenden Eindrücke, die am intensivsten empfunden werden, führen uns zu den nächsten Eltern im Augenblick ihrer Vereinigung.

Vom Zeitpunkt des Todes bis zur erneuten Reinkarnation vergehen 49 Tage. Für den Verstorbenen ist es hilfreich, wenn Familie und Freunde seine Wohnung und seine Besitztümer während dieser Zeit möglichst unberührt lassen und zudem auch eventuelle Erbschaftsauseinandersetzungen auf die Zeit danach verschieben.

Denn der Wechsel von einem Leben zum anderen ist ein wahrer Kraftakt: Geburt, Alter, Krankheit, Tod und Verlust sind mit großen Schmerzen verbunden. Die Zahl der Wiedergeburten ist allerdings endlos. Die einzige Möglichkeit, diese zu unterbrechen, besteht darin, den Erlebnissen im Geist nicht mehr hinterherzulaufen und zu erkennen, dass die Bilder im Spiegel wirklich von einem Spiegel sind.

Das nennt sich Erleuchtung. Diesen Zustand kann jeder erreichen, denn jeder hat von

Anbeginn die Mittel, die es zu nutzen gilt, um ausreichend zu meditieren.

Lamrin - Der Stufenpfad zur Erleuchtung

Lamrin bezeichnet den Stufenpfad zur Erleuchtung. Genauer geht es darum, die gestuften Formen vom Pfadgeist zu betrachten, die zur Erleuchtung führen.

Dieser Pfad enthält 3 Motivationsstufen. Die erste Stufe ist das Ziel einer glücklichen Wiedergeburt. Wer nicht an Wiedergeburt glaubt, der sollte hinterfragen, warum Buddhisten sich diese zum Ziel machen.

Die zweite Stufe ist das Ziel der Befreiung. Nun fragt man sich wieder, wovon man befreit werden soll? Damit ist die Befreiung der immer wiederkehrenden Wiedergeburt gemeint, auch Samsara genannt. Auch hier kommt wieder die Frage auf, warum sollte man sich von der Wiedergeburt befreien, wenn man nicht an deren Existenz glaubt. Dann wäre diese absolut kein Thema und würde sich auch nicht auf dem Pfad der Erleuchtung wiederfinden.

Der letzte Schritt, ist die Stufe des Buddhas. Wer bis dahin gekommen ist, der möchte ein Buddha werden, um anderen Wesen mit Achtsamkeit zu helfen, damit sie die unkontrollierbaren Wiederholungen der Wiedergeburt durchbrechen und sich ebenfalls davon befreien können.

Es gibt traditionelle buddhistische Lehrer, die das wirkliche Dharma lehren und nichttraditionelle Lehrer, die versuchen eine Variante des „Dharma light" zu verkaufen. Diese hat aber mit der wirklichen buddhistischen Lehre rein gar nichts zu tun. Denn die Stufen des Pfades der Erleuchtung sind verwaschen. Anstatt den Fokus auf eine glückliche Wiedergeburt zu legen, wollen diese nur die Dinge im gerade vorhandenen Leben verbessern.

Anstatt den Fluss der unkontrollierbaren Wiedergeburten zu durchbrechen, sollen die Menschen in diesem Leben von Problemen und Schwierigkeiten befreit werden. Die letzte Stufe des Pfades der Erleuchtung wollen sie nicht erlangen, damit sie anderen Wesen helfen können, sondern um sich von allen Problemen des aktuellen Lebens zu befreien.

Natürlich wird die Variante des „Dharma light" von vielen Menschen bevorzugt, jedoch muss man sich dessen bewusst sein, dass diese nichts mit dem wirklichen Dharma zu tun hat. Es ist jedoch durchaus möglich, die Light Variante als hilfreich zu betrachten und davon zu profitieren. Denn bei dieser Variante muss nicht nach dem Konzept der Wiedergeburt gelebt werden.

Allerdings sind die ersten beiden Stufen bei der Light Version eher vergleichbar mit einer therapeutischen Sitzung, um das eigene Leben zu verbessern und Probleme zu vermeiden. Die letzte Ebene entspricht dann eher einer Sozialarbeit, denn die Menschen versuchen, anderen bei ihren Problemen zu helfen. Der Buddhismus bietet viele Anregungen für therapeutische Zwecke, er hat jedoch viel mehr zu bieten. Dazu ist es jedoch bedeutend, die Wiedergeburt als solches zu verstehen.

Die Bedeutung der Wiedergeburt

Der Buddhismus ist nicht vergleichbar mit der christlichen Religion, bei der das Ziel ist, dass eine Wiedergeburt der Weg in den Himmel und des ewigen Glückes ist. Eine Wiedergeburt in den Himmel ist nicht das Ziel einer glücklichen Wiedergeburt. Das Ziel besteht darin, sich so weiterzuentwickeln, dass die eigenen Probleme und Mängel überwunden werden können. Dies soll im gerade aktiven Leben, wie auch in den weiteren, darauffolgenden Leben erfolgen. Außerdem gilt es, dass volle, einem Menschen mögliche und vorhandene Potenzial zu entwickeln und zu verwirklichen, um dann allen Wesen helfen zu können. Natürlich kann dieser Entwicklungsprozess nicht innerhalb weniger Wochen oder Monate vonstattengehen, denn er braucht viel Zeit und Arbeit.

Dieser Prozess ist in nur einem Leben kaum zu bewältigen. Dadurch ist der Pfad der Erleuchtung ein sehr langer Prozess, der sich über einige Leben erstreckt.

Begriffe wie die Wiedergeburt werden helfen, das eigentliche Ziel nicht aus den Augen zu verlieren, ebenso wie den Mut und die

Achtsamkeit. Denn insbesondere, wenn ein Mensch älter wird und der Tod bevorsteht, und er jedoch noch keine nennenswerten Fortschritte auf dem Pfad der Erleuchtung gemacht hat, kann dies für den Menschen extrem entmutigend sein.

Eines der Probleme ist dabei, dass der Mensch viel Lebenszeit mit Dingen verbringt, die in diesem Moment als wichtig erachtet werden, die es aber in dem Bezug auf die Dharmalehre nicht sind.

Wenn Fortschritte gemacht werden, verlaufen diese niemals linear. Das bedeutet, das Leben wird sich nicht jeden Tag etwas verbessern. Das berühmte Auf und Ab des Lebens ist allen bekannt.
An einem Tag läuft es gut, der Mensch ist gut gelaunt, voller Tatendrang und am anderen Tag herrscht schlechte Laune und nichts geht vorwärts.
Dies wird auch immer so weiter gehen, bis man sich vom Samsara befreit hat.

Somit wird sichtbar, dass es ist sehr nützlich ist, weitreichend zu denken und sich nicht von Niederschlägen im derzeitigen Leben verunsichern zu lassen.

Im Buddhismus wird die Wiedergeburt als „kostbare menschliche Wiedergeburt" bezeichnet. Durch die dementsprechend harte Arbeit kommt man seinem letztendlichen Ziel der Erleuchtung immer ein kleines Stückchen näher.

Eine kostbare menschliche Wiedergeburt ist jene, in der man eine Weile von allen Situationen eine Pause einlegen kann und in der kein Zweifel besteht, dass Dharma überhaupt praktizieren zu können. Daran ist erkennbar, dass es das erste Ziel ist, die zukünftigen Leben als kostbare menschliche Wiedergeburten zu sichern, bis man sich komplett davon befreit hat.

Auch die Lehren zu den „Vier Gedanken, die den Geist dem Dharma zuwenden" sind geprägt von der Wertschätzung des kostbaren menschlichen Lebens. Daran wird sichtbar, wie schwierig eine solche Geburt ist und wie kostbar zugleich. Im Umkehrschluss bedeutet dies aber auch, dass man in jedem anderen Körper hätte wiedergeboren werden können. Es sollte alles dafür getan werden, damit das nächste Leben auch wieder im menschlichen Körper stattfinden kann, um weiter den Pfad der Erleuchtung zu gehen.

Ebenso wichtig ist ein menschliches Leben für das Tantra, denn ansonsten besteht Selbstbetrug, während das Tantra praktiziert wird. Die höchste Klasse des Tantra ist das Anuttarayoga-Tantra, welches lehrt, dass es möglich ist, die Erleuchtung in diesem Leben zu erlangen.
Viele Menschen erliegen dem Trugschluss, sich nun nicht mehr mit der Erleuchtung befassen müssen. Den Fehler begehen sehr viele, denn auch wenn man sich mit den fortgeschrittenen Lehren des Tantra befasst, wird man es mit sehr großer Wahrscheinlichkeit nicht schaffen, die Erleuchtung in dem einem Leben zu erlangen.

Das Gleiche gilt für die Sutra-Praxis. Wenn das Verständnis für die Wiedergeburt einmal vorhanden ist, dann geht es nicht mehr verloren. Selbst wenn es nicht gelungen ist, in dem gerade gelebten Leben die Erleuchtung zu erlangen, so wird dieses Wissen, dass einmal erlangt wurde, nicht verloren gehen. Ein altes indisches Sprichwort besagt: „Ein Anfang, der einmal gemacht wurde, geht nicht mehr verloren."

Eine der Haupteigenschaften des Anuttarayoga-Tantra besteht darin, den samsarischen Tod, den Bardo-Zustand und die Wiedergeburt zu reinigen. Dies wird so verstanden, dass man sich befreit. Der Bardo ist der Zwischenzustand zwischen Tod und Wiedergeburt. Das Anuttarayoga-Tantra analysiert in detaillierter Weise, wie dieser Prozess vor sich geht und es beinhaltet Praktiken, die dem Bardo und der Wiedergeburt ähnlich sind.

Das Karma

Das Karma ist die unsichtbare Energie, die sich aus unserem Verhalten ergibt und die dementsprechenden Ergebnisse und Vergeltung zur Folge hat.

Um das Karma zu verstehen, muss die Wiedergeburt verstanden werden. Denn die Handlungen des gerade gelebten Lebens können oft in eben diesem gar nicht verstanden werden.

Als Beispiel dazu: Ein Mensch bewirkt in seinem Leben nur Gutes, meditiert viel und tut alles, um ein guter Mensch zu sein. Er stirbt einen langsamen, sehr qualvollen Tod an Krebs. Im Gegensatz steht der korrupte Geschäftsmann, der reich ist, alle betrügt und hintergeht und dabei nie verurteilt wird. Wo ist hier das Karma?

Zweifellos gibt es auch Handlungen, die im aktiven Leben gerade heranreifen, meistens dann, wenn sie mit äußerst starker Motivation durchgeführt werden. Dabei ist es irrelevant, ob sie positiver oder negativer Natur sind. Denn was ein Mensch im Leben erfährt ist das Ergebnis aus seinen vorangegangenen Leben.

Karma entspricht dem kosmischen Gesetz von Ursache und Wirkung und dabei gibt es keinerlei Ausnahme. Doch was genau bedeutet das nun? Um das zu verstehen, ist es wichtig, detailliert an die Wiedergeburt zu denken, denn sonst ergibt die Tatsache von Karma, sowie Ursache und Wirkung keinen Sinn.

Wie das Leben eines Menschen verläuft, wird von den meisten Menschen von Glück, Pech oder auch dem Willen Gottes abhängig gemacht. Im Buddhistischen entstehen jedoch durch alle diese Ansätze Schwierigkeiten. Denn der Buddhismus selbst hat aufgrund seiner Wiedergeburten und vorangegangenen Leben den Sinn erkannt. Außerdem hat der Mensch selbst somit die

Möglichkeiten, sein Leben und dessen Verlauf zu lenken und zu leiten.

Natürlich kann man es dabei belassen, dass der Verlauf eines Lebens Glück, Pech oder Gottes Wille ist. Das tun die meisten Menschen bekanntermaßen auch. Doch dieser Glaube entzieht ihnen jegliche Möglichkeiten, etwas am Leben zu beeinflussen. Denn wenn es wirklich Gottes Wille ist und ein Mensch alles richtig macht, warum suchen ihn dann trotzdem schwere Schicksalsschläge heim? Ist es dann befriedigend und auch ausreichend, alles damit zu erklären und sich somit dem Schicksal und Gottes Wille zu fügen? Wird sich an dem eigenen Glück etwas ändern, wenn man ein Glücksamulett um den Hals trägt?

Im Buddhismus heißt es, dass man für alle seine Taten die eigene Verantwortung übernehmen muss. Und das, obwohl die meisten Dinge, die im derzeitigen Leben geschehen aus den vorangegangenen Leben sind. Deshalb sollte man immer bedenken, dass das, was man in seinem derzeitigen Leben vollbringt, Auswirkungen auf die nächsten Leben haben wird.

Karma hat seinen Ursprung im Hinduismus, später dann auch im Buddhismus und im

Jainismus. Jedoch wird er dort jeweils unterschiedlich interpretiert.

Karma hört man in der westlichen Welt eher im Zusammenhang mit schlechtem Karma, z.B. wenn etwas schiefläuft und einem nicht klar ist, warum es so ist.

Oder wenn man bewusst eine „Missetat" begangen hat und dann fürchtet, dass man damit schlechtes Karma ausgelöst hat. Daran sieht man deutlich, dass dieser Begriff global nicht eindeutig definiert ist.

Karma ist nicht Schicksal. Viele Menschen verwechseln das. Das Schicksal selbst, im Sinne von „durch eine höhere Macht vorherbestimmt", ist eine Illusion. Der Eindruck von Schicksal entsteht für den Menschen, wenn er als Körper mit seinem Verstand keine Verbindung zur Seele erkennt und nicht versteht, was und warum etwas geschieht. Wenn er das Gesetz des Karmas nicht kennt, kann er dies auch nicht verstehen. Glück, Pech, Freude und Leid sind keineswegs Zufall und somit auch zu ändern. Denn all das sind Folgen oder auch Wirkungen von Ursachen, welche durch die eigene Entscheidung, sowie dem Denken und Handeln geprägt sind.

Es gibt Menschen, die sehen das Karma selbst

als Schicksal an. Das ist jedoch fehlerhaft, denn das Karma ist eher das, was alle Lebenszyklen miteinander verbindet und somit hält es die Menschen dadurch zusammen. Wenn ein karmisches Band besteht, wird man diese immer wieder finden.

Jede Handlung beeinflusst somit das Leben und auch das Karma. Der Mensch ist mehr als

sein Körper und dieses „mehr“ (die Seele) inkarniert immer wieder. Das geschieht ebenfalls, damit das Karma aufgelöst werden kann.
Im Buddhismus ist die Unwissenheit das Problem für karmische Verstrickung. Für sein Handeln ist jeder Mensch selbst verantwortlich und selbst die Seele möchte durch Taten und Wirken Karma wiedergutmachen.

Karma selbst ist ein neutrales Gesetz. Jede Handlung eines Subjektes hat Folgen für ein Objekt. Für die Lebenskraft selbst können diese dann positiv oder auch negativ sein. Es gibt beispielsweise Täter und Opfer. Zwischen diesen beiden Menschen entsteht ein karmisches Band und dieses besteht so lange, bis die entstandene Verpflichtung oder das energetische Ungleichgewicht ausgeglichen ist. Selbst wenn das Opfer stirbt und das

körperliche Leben beendet ist, besteht dieses Band weiterhin. Denn dieses bindet Seelenessenzen. Jedes dieser Bänder ist bilateral. Im Laufe eines jeden Lebens entstehen unzählige solcher Verbindungen. Dabei spricht man von karmischen Verstrickungen.
Diese entstehen unvermeidbar und auch gerade in jüngeren Seelenaltern reichlich. Sie können zu jeder Zeit bearbeitet und auch aufgelöst werden, jedoch ist dafür im Normalfall eine gewisse Reife der Seele erforderlich. Es gibt kein Muss für diese Auflösung, sie geschieht aus vollkommen freien Stücken. Allerdings ist die Auflösung dieses Bandes Voraussetzung für die Beendigung der Inkarnation – also der Abschluss eines Inkarnationszyklusses.

Greift ein Mensch jedoch in das Leben eines Anderen ein, dann entsteht an dieser Stelle negatives Karma. Wenn wir für die Verbesserung eines Menschen einstehen, dann schaffen wir positives Karma.

Eine passende Lebensweisheit dafür ist: „So wie du erntest, hast du gesät und wie du säst, so wirst du auch ernten."

Karma lässt sich nicht vermeiden oder verhindern, denn egal was ein Mensch tut, es hat immer Folgen. Es ist Teil eines Lebens und es ist die Voraussetzung, damit wir uns überhaupt weiterentwickeln können. Ohne positive oder auch negative Erfahrungen ist keine Erkenntnis möglich.

Energieverluste schaffen wir durch Handlungen, deren Basis die Angst ist. Jedoch sind Ängste auch Illusionen oder auch Fantasien, denn sie beziehen sich fast immer auf Möglichkeiten in der Zukunft und nicht auf die Gegenwart.

Angst ist ein gutes Fundament negatives Karma durch Unwissen aufzubauen.

Positives Karma wird aufgebaut, wenn man liebevoll denkt und entsprechend handelt. Jedoch muss auch dieses ausgeglichen werden. Jedes Karma braucht einen Ausgleich. Es ist eine seelische Verpflichtung, die eingelöst, zurückgezahlt, vergolten und wiedergutgemacht werden muss.

Allerdings kann dies oftmals erst viel später erfolgen. Der Mensch ist meist noch nicht reif genug, um seine Verpflichtung zum Ausgleich zu erkennen und auch anzunehmen.

Es müssen erst alle körperlichen Wünsche und Sehnsüchte erfüllt sein, bevor es der Seele möglich ist, ausdrücklich am eigenen Karma zu arbeiten und das kann über viele Leben und Inkarnationen andauern.

1. „Du erntest was du säst.“

- **Das Gesetz für Ursache und Wirkung:**

Wir werden ernten, was wir säen. Was wir dem Universum geben ist das, was zu uns zurückkommen wird. Negative Energie, die du an Andere weitergibst, wird 10-mal so stark zu dir zurückkommen. Wenn du Wind säst, wirst du Sturm ernten. Karma ist der Richter über all unsere Handlungen und dieser Richter hilft uns dabei, über unser Leid nachzudenken.

2. „Du musst dein Glück selbst in die Hand nehmen.“

- **Das Gesetz der Schöpfung:**

Wir sind eins mit dem Universum, ein Teil des Flusses des natürlichen Lebens und unsere Leben pflanzen sich im Kreislauf der Natur fort. Was uns umgibt, spendet uns Denkhilfen über unsere innere Verfassung. Lass die Möglichkeiten entstehen, die du in deinem Leben haben möchtest.

3. **„Akzeptiere, was du nicht ändern kannst.“**

❖ **Das Gesetz der Bescheidenheit:**

Dich wird verfolgen, was du nicht akzeptieren möchtest. Wenn du etwas ausschließlich als Negatives oder als einen Feind ansiehst, befindest du dich nicht auf einer höheren Stufe der Existenz. Das Gesetz der Bescheidenheit zu erfüllen bedeutet, dass du akzeptierst, ohne dabei die Überlegenheit zu bewerten.

4. **„Du wächst, wenn du dich selbst veränderst.“**

❖ **Das Gesetz des Wachstums:**

Um in unserem Geist wachsen zu können, müssen wir uns verändern. Nicht die Personen oder Orte oder Sachen um uns herum müssen verändert werden. Wir allein haben über unser Leben selbst die Kontrolle. Wenn wir unser Inneres verändern, ändern wir auch unser Leben. Dies muss mit Sorgfalt geschehen, damit es sich für das Karma zu einem Vorteil auswirken kann. Die Liebe zu sich selbst darf dabei nie vergessen werden.

5. „Niemand außer dir ist verantwortlich für dein Leben.“

❖ **Das Gesetz der Verantwortung:**

Wenn dir etwas Schlechtes passiert, ist auch etwas Schlechtes in dir. Wir spiegeln wider, was uns umgibt und andersherum genauso. Für das Gegenwärtige in deinem Leben, musst du allein Verantwortung übernehmen.

6. „Alles im Universum ist miteinander verbunden.“

❖ **Das Gesetz der Verbindung:**

Wenn uns etwas unwichtig erscheint, ist es von Bedeutung zu wissen, was es in der Verbindung mit dem gesamten Universum bewirkt. Denn jeder Schritt führt zu dem nächsten Schritt, nur so können Arbeiten erledigt werden. Wir sind in der Vergangenheit, in der Gegenwart und in der Zukunft alle miteinander verbunden.

7. „Mache immer einen Schritt nach dem anderen."

❖ **Das Gesetz der Einstellung:**

Man muss immer Stufe für Stufe nehmen. Es ist nicht erlaubt, 2 Dinge gleichzeitig zu tun oder an 2 Dinge gleichzeitig zu denken. Denn wenn wir den Norden in unserem eigenen Kompass verlieren, wecken wir die Unsicherheit und den Zorn.

8. „Zeige deine Selbstlosigkeit, denn sie zeigt dein wahres Inneres."

❖ **Das Gesetz des Gebens und der Gastfreundschaft:**

In einem Moment deines Lebens wirst du dich dazu gerufen fühlen, die Wahrheit, an die du glaubst, zu beweisen. Erteile und gib das, um das, was du gelernt hast, auch in die Praxis umsetzen zu können.

9. „Die Geschichte wird sich solange wiederholen, bis wir sie verändern.“

❖ **Das Gesetz des Hier und Jetzt:**

Alte Gedanken, Gewohnheiten und Träume verhindern, dass unsere Seele erneuert werden kann. In der Vergangenheit zu verharren und zurück zu denken verhindert, dass wir vollkommen in der Gegenwart sein können, um das Hier und Jetzt zu genießen.

10. „Der Moment ist alles, was du hast.“

❖ **Das Gesetz der Veränderung:**

Bis wir die notwendigen Lektionen erlernen, wird sich unsere Geschichte immer weiter wiederholen. Um unseren Weg verändern zu können, müssen wir aus den Lektionen lernen.

11. „Gutes geschieht denen, die Geduld haben."

❖ **Das Gesetz der Geduld und der Belohnung:**

Alles was belohnt wird, erfordert anfangs Anstrengung. Den größten Verdienst erfahren wir bei den Dingen, die die meiste Energie, Aufopferung und Beharrlichkeit erfordert haben. Wenn wir die Bedeutung der Werte gelernt haben, wird uns diese Anstrengung belohnen und wir werden unseren Platz in der Welt lieben können.

12. „Deine Energie und Intention bestimmen das Endresultat."

❖ **Das Gesetz der Bedeutung und der Inspiration:**

Handle bei jeder Tat mit deinem ganzen Herzen, damit sie den notwendigen Wert erhält. Mittelmäßige Beiträge haben keinen Einfluss auf die Gesamtheit und heben sich aufgrund ihrer Gewöhnlichkeit von selbst auf. Das direkte Ergebnis entsteht aus der Energie und Intention, die verwendet wird.

Samsara - Das Rad des Lebens

Samsara bezeichnet den ewigen Kreislauf von Geburt, Tod und Wiedergeburt. Daher ist es auch als Seelenwanderung bekannt und schließt sowohl die Lehre des Karmas, sowie die Reinkarnation mit ein.
Das Karma ist die Ursache für das Samsara. Gute und schlechte Handlungen, die ein Mensch aufgrund des vollkommen unreinen Zustandes des eigenen Geistes ausführt, erzeugen dabei die Folge der Wiedergeburten. Wenn ein Mensch kein Karma mehr erschafft, sind auch die eigenen Handlungen vollkommen spurenlos in dieser Welt und es hat den Anschein, als hätte ein Mensch nie gelebt.
Der Buddhismus bezeichnet dies als Eingang ins Nirvana.

In der Übersetzung bedeutet Samsara „herumdrehen" oder „kreisen" und umschließt damit den Kreislauf von Geburt, Tod und Wiedergeburt eines jeden Individuums.

Die buddhistische Erklärung für die Wiedergeburt

Der erste Gedanke an das kostbare menschliche Leben als Wertschätzung setzt voraus, dass ein Mensch das Konzept der Wiedergeburt akzeptiert. Das bedeutet, dass man die spezifischen buddhistischen Erklärungen der Wiedergeburt, und nicht die Erklärungen anderer Systeme, akzeptiert. Dazu sollte an dieser Stelle erwähnt werden, dass es zahlreiche andere, nicht buddhistische Systeme gibt, die der Ansicht sind, dass die Wiedergeburt existiert. Dazu zählen der Hinduismus, der Jainismus, die Theosophie, einige antike griechische Philosophien und auch einige frühchristliche Sekten. Jedes System hat dabei unterschiedliche Erklärungen.

Menschen der westlichen Welt haben keinen traditionellen buddhistischen Hintergrund, denn sonst würden sie die Wiedergeburt akzeptieren und nicht in Frage stellen. Sie haben auch keinen besonderen Zugang zum Dharma. Das jedoch haben auch die meisten Tibeter nicht. Wenn diese sich allerdings für den Dharma interessieren, dann

tun sie dies, weil sie ohnehin die Wiedergeburt akzeptieren.
Damit die westliche Welt den Dharma studieren kann, muss sie zunächst die Wiedergeburt akzeptieren und verstehen. Es sollte wahres Interesse bestehen, etwas über den Buddhismus zu erfahren.

Damit dies geschehen kann, ist es wichtig, sich von allen nicht buddhistischen Erklärungen zu lösen. Der Mensch muss verstehen, dass die Wiedergeburt nicht davon handelt, dass die Seele von einem Körper in den nächsten gelangt und dass die Lektionen des Dharma nur streng genug gelernt werden müssen, damit die nächste „Übung" absolviert werden kann.

Zudem ist es nicht korrekt, dass sich der Mensch immer weiter verbessern muss, damit die Umstände der Wiedergeburt leichter werden. Denn all das ist kein Buddhismus.

Ebenso stellt der Buddhismus keine Behauptung auf, dass ein Mensch immer nur als Mensch wiedergeboren werden kann. Er stellt auch keine Behauptungen darüber auf, dass es ein Leben nach dem Tod gibt und dieses, wie es im Christentum behauptet wird, wunderschön und ewig ist, wenn der Mensch in den Himmel aufsteigt. Wenn er in die Hölle kommt, droht ihm andererseits das ewige Fegefeuer.

Um den Buddhismus zu verstehen, ist es von großer Bedeutung, sich von alledem zu lösen. Denn der Buddhismus beinhaltet nichts von alledem. Die Haltung eines Menschen, der sich dem Buddhismus zuwendet, muss sein, die Wiedergeburt zu akzeptieren, auch wenn er sie noch nicht versteht. Im weiteren Verlauf muss sich der Mensch dann erarbeiten, was Wiedergeburt wirklich bedeutet und dieser Weg ist lang.

Kontinua

Was ist eigentlich das buddhistische Verständnis von Wiedergeburt? Im Buddhismus ist die Frage der Wiedergeburt eine Frage der Kontinuität. Damit ist nichts anderes gemeint, als dass es eine ununterbrochene Abfolge von Momenten gibt. Hierbei ist eine zeitliche Kontinuität im Zeitablauf eingeschlossen.

Als Beispiel lässt sich hier sehr gut ein Kinofilm anbringen. Damit ist nicht die Kontinuität des plastischen Kinofilms gemeint, sondern vielmehr die Kontinuität während des Ablaufs, also ein Bild nach dem anderen. Es ist unmöglich, genau zu einem Zeitpunkt mehr als ein Bild zu betrachten.

Der Ablauf muss demnach eine Abfolge von Momenten sein. Beziehen wir dies nun wieder auf das Thema der Wiedergeburt, dann stellt sich an dieser Stelle automatisch die Frage, welche Abfolge von Momenten die Wiedergeburt überhaupt beinhalt.

Sie umfasst eine Abfolge von Momenten des Geistes, genauer gesagt eine Abfolge von Momenten geistiger Aktivität (geistiges Kontinuum). Dies wird ebenfalls als Geistesstrom bezeichnet, allerdings kommt bei diesem Wort sofort wieder ein plastisches Bild auf.

Die 4 Arten von Kontinua

Allgemein unterscheidet man vier Arten von Kontinua:

- Die erste Art von Kontinua hat einen Anfang und auch ein Ende, wie z.B. der Körper, den man zum jetzigen Zeitpunkt besitzt. Der Anfang ist der Tag, an dem man gezeugt wurde und das Ende ist der Tag, an dem man stirbt. Der Körper besteht, solange man am Leben ist, von Augenblick zu Augenblick.

- Die zweite Art von Kontinua hat keinen Anfang, aber ein Ende. Das lässt sich am Beispiel der unkontrollierbaren Wiedergeburt erklären, dem Samsara und der Unwissenheit darüber, dass wir alle existieren. Der Einfachheit halber bezeichnen wir dies als Verwirrung im Bezug auf die Realität. Das Samsara hat keinen Anfang, kann aber ein Ende haben. Wenn die Verwirrung nun mit konkretem Verständnis ersetzt wird, dann hat die Verwirrung ein Ende und somit haben auch die unkontrollierbaren Wiedergeburten ein Ende.

- Die dritte Art ist ein zeitliches Kontinuum, dass einen Anfang, jedoch kein Ende hat. Als Beispiel dafür kann ein zerbrechendes Glas dienen. Wenn es hinunterfällt, hat das zeitliche Kontinuum einen Anfang, jedoch kein Ende. Der Anfang liegt im Zerbrechen. Aber ein Ende gibt es dabei nicht, denn es bleibt zerbrochen.

- Die vierte Art ist ebenfalls ein zeitliches Kontinuum, ohne Anfang und ohne Ende. Als Beispiel dient hier ein geistiges Kontinuum. Die Wiedergeburt im Buddhismus spiegelt dies wider, man setzt sich mit einem geistigen Kontinuum auseinander, welches keinen Anfang und auch kein Ende hat.

Es ist überaus wichtig, hier sehr sorgfältig zu sein und klare Unterscheidungen vorzunehmen. Jedes Individuum im geistigen Kontinuum hat weder einen Anfang noch ein Ende.

Allerdings hat es zwei Phasen.

Bei Phase 1 handelt es sich um die samsarische Phase, bei der das Individuum immer wieder unkontrollierbare Wiedergeburten erlebt.

Als Phase 2 bezeichnet man die nirvanische oder auch befreiende Phase. Von dieser ist die Rede, wenn sich das geistige Kontinuum auch weiterhin durch Geburt und Tod manifestiert. Es ist jedoch völlig frei von den Verwirrungen der Realität und erfährt dadurch keinerlei Leid mehr.

Die Phase 2 hat einen Anfang, aber kein Ende. Verschiedene Schulen des Buddhismus bieten dazu unterschiedliche Erklärungen an. Zur Vereinfachung soll diese kurze Zusammenfassung dienen: In der zweiten Phase wird man von Samsara befreit, jedoch nur für einen begrenzten Zeitraum. Die geistigen Fähigkeiten sind noch immer begrenzt, denn in dieser Phase ist niemand allwissend. Wenn die Erleuchtung erreicht wurde, hat diese Zeitspanne ein Ende und die nirvanische Phase geht dann in eine nicht endende Zeitspanne des allwissenden Buddhas über.

Der Geist

Im Buddhismus bezeichnet „Geist“ etwas sehr Spezifisches, etwas, was zur Körperlichkeit hinzukommt. Der Begriff Geist, im buddhistischen „Chitta“, hat viele Bedeutungen. Gedanken, Emotionen, Aufmerksamkeit, Sinneswahrnehmungen und Intelligenz sind als Beispiele für Geist zu nennen. Im Buddhismus sind alle Arten von geistiger Aktivität dem Geist zuzuordnen. Dabei liegt der Schwerpunkt nicht auf dem Gehirn oder den Hormonen oder anderen chemischen oder elektrischen Abläufen, die an den Prozessen der Wahrnehmung beteiligt sind.

Geist wird immer unter zweierlei Aspekten betrachtet. Einerseits ist Geist ein Erscheinungsbild menschlicher Existenz und benötigt als dieses die Erlösung, anderseits ist Geist das Mittel, mit dem die Erlösung erst durchführbar gemacht wird.

Er geht immer allem Reden und Handeln voraus. Durch Übung der Achtsamkeit wird der Geist unter Kontrolle gebracht. Die Ausrichtung des Geistes ist ebenfalls von großer Bedeutung.

Lebensregeln im Buddhismus

Die Lebensregeln im Buddhismus dienen dazu, Gläubige zur Erkenntnis zu führen.

Zu den verschiedenen Regel-Werken gehören der „Achtfache Pfad der Erkenntnis“ und die „Fünf sittlichen Gebote“.

Für buddhistische Nonnen und buddhistische Mönche gelten zusätzlich die „Zehn-Sitten-Regeln“ und die „Patimokha“, welche aus über 220 einzelnen Regeln besteht.

Achtfacher Pfad der Erkenntnis

Die Vier Edlen Wahrheiten sind Grundlage der Lehre Buddhas und Gegenstand seiner ersten Lehrrede in Sarnath bei Benares. Diese lauten:

1. Das Leben im Daseinskreislauf ist leidvoll (Dukkha).
2. Die Ursachen des Leidens sind Begehren, Abneigung und Unwissenheit (Samudaya).
3. Durch das Erlöschen der Ursachen erlischt das Leiden (Nirodha).

4. Zum Erlöschen des Begehrens (und damit des Leidens) führt der „Edle Achtfache Pfad“ (Magga).

Der edle „Achtfache Pfad der Erkenntnis“ ist somit die vierte edle Weisheit im Glaubensbekenntnis der Buddhisten und enthält deren Lebensregeln. Wer danach lebt und sich strengstens an die Regeln hält, der wird nach buddhistischem Glauben von seinem Leid befreit und erleuchtet. Er wird ein Buddha. Das bedeutet, sein Geist kehrt also nicht wieder auf die Erde zurück, sondern er findet sein Glück im Nirvana.

Die Regeln des Achtfachen Pfades der Erkenntnis lauten:

1. Bemühe dich um Weisheit und verhalte dich immer richtig.
2. Sei gelassen und friedfertig.
3. Lüge niemals.
4. Tue keinem Lebewesen Böses und stehle nicht.
5. Schade niemandem und zerstöre nicht die Natur.
6. Gib dir Mühe und erfülle deine Pflichten, auch in der Religion.
7. Sei achtsam, denke und handele stets besonnen.
8. Konzentriere dich, denke nach und meditiere.

Den Buddhisten ist der „Achtfache Pfad der Erleuchtung" so wichtig, dass sie deren Regeln in ihrem Symbol darstellen: Die acht Speichen des Dharma-Rades stehen also für die acht Regeln des Achtfachen Pfades.

Die fünf sittlichen Gebote

Nach den „Fünf sittlichen Geboten" leben nicht nur die Nonnen und Mönche im Kloster, sondern nach ihnen richten sich alle Buddhisten.

Die Fünf sittlichen Gebote lauten:

1. Töte keine Lebewesen, weder Menschen, Tiere noch Pflanzen.
2. Nimm nicht, was dir nicht zusteht, also stehle nicht.
3. Sei nicht unkeusch.
4. Sprich nicht die Unwahrheit, verletze andere nicht durch Worte und führe keine sinnlosen Gespräche.
5. Nimm keine berauschenden Mittel wie Alkohol oder Drogen, damit Geist und Verstand klar sind.

Pilgerorte für Buddhisten

Orte, an denen Buddha gelebt hat oder etwas Bedeutungsvolles erlebt oder hinterlassen hat, sind für Buddhisten etwas ganz Besonderes. Nachfolgend sind die wichtigsten Pilgerstätten zu finden. Buddhisten empfinden das Pilgern dorthin nicht als Pflicht, sie spüren dort jedoch ein gutes Karma und etwas Heilsames. Die besondere Stimmung an diesen Plätzen fühlt sich für sie heilig an.

Die 4 berühmtesten Pilgerorte sind:

Lumbini in Nepal

Lumbini ist der Geburtsort von Siddharta Gautama. Hier soll der spätere Buddha zur Welt gekommen sein. Der Ort heißt heute zwar offiziell Rummindai, viele Menschen nennen ihn aber nach wie vor Lumbini.

In Lumbini erinnert eine berühmte Tempelanlage, welche zu den 4 größten Gedenkstätten des Buddhismus zählt, an Buddha. Die Sehenswürdigkeiten dieser Tempelanlage heißen „Säule des Ashoka", „Bodhi-Baum" und „Die Flamme des ewigen Friedens".

Lumbini ist seit dem Jahr 1997 eine UNESCO-Stätte des Weltkulturerbes.

Kapilvastu in Nepal

In Kapilvastu verbrachte Siddharta Gautama seine Kindheit sowie die ersten Jahre als junger Mann. Hier lebte er als behüteter Prinz im Palast seines Vaters, heiratete seine Frau Yashodhara und wurde Vater eines Sohnes. Mit 29 Jahren verließ Siddharta Gautama Kapilvastu und kehrte nie wieder zurück.

Bodhgaya in Nordindien

Bodhgaya gilt als Ort der Erleuchtung, in dem Siddharta Gautama mit 35 Jahren unter einem Pappel-Feigenbaum zum Buddha, dem Erleuchteten, wurde. In Bodhgaya befindet sich der Mahabodhi-Tempel in einer der heiligsten Stätten des Buddhismus.

Sarnath in Nordindien

In Sarnath bei Benares hielt der Buddha lt. Überlieferung seine erste Rede als Erleuchteter. Während dieser Rede erzählte er von den Erkenntnissen, die er unter dem Bodhi-Baum erlangt hatte und predigte die Grundpfeiler des Buddhismus. Hier gründete er auch den buddhistischen Orden, die Sangha.

Kushinagar

In Kushinagar ist Buddha gestorben. Er soll dort ins Parinirvana eingetreten sein, weshalb dieser Ort als eine der wichtigsten Pilgerstätten der Buddhisten gilt.

Kushinagar liegt in Nordindien im Staat Uttar Pradesch.

Ein weiterer Pilgerrundweg führt über die japanische Insel **Shikoku**, wo 88 Tempel zu finden sind.

Die Stadt **Sravasti** war zu Buddhas Lebzeiten eine der reichsten und größten Städte Indiens und beherbergte Buddha 25 Jahre lang in der Regenzeit. Hier soll er viel Zeit mit Predigten verbracht haben. Heutzutage findet man in Sravasti viele buddhistische Klöster, Tempel und Buddha Figuren.

Auf dem **Geiersberg** nahe der indischen Stadt Rajgir soll Buddha oftmals meditiert und auch gepredigt haben. Dort soll er auch einen seiner wichtigsten Schüler, Sariputta, unterrichtet haben, welcher später vielen Anhängern die Lehre des Buddhismus nähergebracht haben soll.

Sanchi ist eine Ausgrabungsstätte in Indien. Dort stehen buddhistische Stupas, die bereits im 3. Jahrhundert v. Chr. erbaut wurden. In Sanchi erinnern kunstvolle Reliefs an den Gebäuden an die Geschichte und das Leben Buddhas.

Fazit

Der Buddhismus lässt sich nicht einfach in ein paar Worten erklären und richtet sich auch nicht nach strengen Anweisungen und Normen, wie andere Religionen oder Glaubensrichtungen. Anhand der erfolgten Ausführungen und Erklärungen ist deutlich erkennbar, wie komplex der Buddhismus ist.

Der Pfad der Erleuchtung ist ein sehr langwieriger Weg, aber der, der das Ziel eines jeden Buddhisten ist. Denn um der ewigen und unkontrollierbaren Wiedergeburt zu entkommen, dem Samsara, sollten die Reinkarnationen zumindest auf einer Ebene kontrollierbar werden. Um diesen Pfad gehen zu können, gibt es unterschiedliche Stufen. Zunächst einmal ist es wichtig, sich auch wirklich menschliche Wiedergeburten zu sichern, denn wir alle können in jedem Körper wiedergeboren werden, auch als Insekt wie z.B. im Körper einer Eintagsfliege. In diesem Körper können wir allerdings den Pfad der Erleuchtung nicht weiter gehen.

Der Buddhismus hat ein unglaublich umfangreiches Wissen, welches viel tiefer geht, als andere Religionen. Er verspricht kein ewiges Leben, keinen Himmel und keine Hölle. Er liefert dem Menschen viel mehr Erklärungen für sein Leben und wie die Zusammenhänge zu verstehen sind.

Im Buddhismus spielt das Karma eine sehr große Rolle. Gerade in jungen Seelenjahren häufen wir viel schlechtes Karma an. Wir tun dies jedoch unbewusst. Darum gilt es, dieses wieder ins Reine zu bringen, damit unsere darauffolgenden Jahre auch bewusst und glücklich gelebt werden können.

Die Achtsamkeit ist ein sehr wichtiger Stützpfeiler des Buddhismus. Wer sich und das Leben anderer achtet und danach auch lebt, der hat schon einen großen Schritt auf diesem langen Weg bestritten.

BONUS 1 - 66 Zitate von Buddha

„Jedes Leben hat sein Maß an Leid. Manchmal bewirkt eben dieses unser Erwachen."

* * *

„Vergänglichkeit ist das Merkmal eines jeden Umstandes, einer jeden Situation, auf die du treffen wirst. Alles wird sich verändern, es wird verschwinden oder es wird dich nicht länger befriedigen."

* * *

„Geburt ist Leiden, Alter ist Leiden, Krankheit ist Leiden, mit Ungeliebten vereint sein, von Geliebten getrennt sein, nicht erreichen, was man begehrt - all das ist Leiden."

* * *

„Der Mensch leidet, weil er Dinge zu besitzen und zu behalten begehrt, die ihrer Natur nach vergänglich sind."

* * *

„Die edelste Art Erkenntnis zu gewinnen ist die durch Nachdenken und Überlegung. Die einfachste Art ist die durch Nachahmung und die bitterste Art ist die durch Erfahrung."

* * *

„Ganz gleich, wie beschwerlich das Gestern war, stets kannst Du im Heute von Neuem beginnen."

* * *

„So wie der Acker verdorben wird durch Unkraut, wird der Mensch verdorben durch seine Gier."

* * *

„Groll mit uns herumtragen ist wie das Greifen nach einem glühenden Stück Kohle, in der Absicht, es nach jemandem zu werfen. Man verbrennt sich nur selbst dabei."

* * *

„In steter Veränderung ist diese Welt. Wachstum und Verfall sind ihre wahre Natur. Die Dinge erscheinen und lösen sich wieder auf. Glücklich ist, wer sie friedvoll einfach nur betrachtet."

„Niemand rettet uns, außer wir selbst. Niemand kann und niemand darf das. Wir müssen selbst den Weg gehen.“

* * *

„Verweile nicht in der Vergangenheit, träume nicht von der Zukunft. Konzentriere dich auf den gegenwärtigen Moment.“

* * *

„Reich sein an Wahrheit, Fleiß, tugendhafter Beherrschung, dabei gute Worte führen, das bringt höchstes Heil.“

* * *

„Lass deinen Geist still werden wie einen Teich im Wald. Er soll klar werden, wie Wasser, das von den Bergen fließt. Lass trübes Wasser zur Ruhe kommen, dann wird es klar werden, und lass deine schweifenden Gedanken und Wünsche zur Ruhe kommen.“

* * *

„Es gibt keinen Weg zum Glück. Glücklichsein ist der Weg.“

* * *

„Das Glück liegt in uns, nicht in den Dingen.“

„Gib es auf zu gewinnen–und finde das Glück."

* * *

„Nach der Reue ist mein Herz leicht wie eine Wolke, die unbeschwert am Himmel dahinsegelt."

* * *

„Tu was du willst, aber nicht, weil du musst."

* * *

„Wir sind, was wir denken. Alles, was wir sind, entsteht aus unseren Gedanken. Mit unseren Gedanken formen wir die Welt."

* * *

„Alle Menschen sind eins. Was sie unterscheidet, ist der Name, den man ihnen gibt."

* * *

„In Zeiten, wo die Menschen schlechter werden und die wahre Lehre untergeht, steigt die Zahl der Gesetzesregeln."

* * *

„Wo jeder lärmend sich einmengt, wird man niemals zur Vernunft kommen."

„Niemals in der Welt hört Hass durch Hass auf.
Hass hört durch Liebe auf."

* * *

„Alles verstehen heißt alles verzeihen."

* * *

„Vergangene Liebe ist bloß Erinnerung.
Zukünftige Liebe ist ein Traum und ein Wunsch.
Nur in der Gegenwart, im Hier und Heute,
können wir wirklich lieben."

* * *

„Ruhig wie ein tiefer See mit ungetrübtem
Wasser ist der Weise mit seiner heiteren
Klarheit."

* * *

„Tausende von Kerzen kann man am Licht
einer Kerze anzünden, ohne dass ihr Licht
schwächer wird. Freude nimmt nicht ab,
wenn sie geteilt wird."

* * *

„Das Geheimnis des außerordentlichen
Menschen ist in den meisten Fällen nichts als
Konsequenz."

„Wer seinen Wohlstand vermehren möchte, der sollte sich an den Bienen ein Beispiel nehmen. Sie sammeln den Honig, ohne die Blumen zu zerstören. Sie sind sogar nützlich für die Blumen. Sammle deinen Reichtum, ohne seine Quellen zu zerstören, dann wird er beständig zunehmen."

* * *

„Das Problem ist, du glaubst, du hast Zeit."

* * *

„Spannst du eine Saite zu stark, wird sie reißen. Spannst du sie zu schwach, kannst du nicht auf ihr spielen."

* * *

„Kämpfe für das, an was du glaubst, auch wenn du alleine kämpfst."

* * *

„Liebe zu allen Wesen ist wahre Religion."

* * *

„Den Willen nenne ich das Wirken, denn ist der Wille da, so wirkt man, sei es in Werken, Worten oder Gedanken."

„Fünf Regeln merk dir fürs tägliche Leben: Sei stets mitleidig und schätze das geringste Leben. Gib und nimm freimütig, aber nie ungebührlich, lüge nie, sei sittsam, meide die Gifte des Genusses und achte stets die Frauen."

* * *

„Wenn du ein Problem hast, versuche es zu lösen. Kannst du es nicht lösen, dann mache kein Problem daraus."

* * *

„Der Weg liegt nicht im Himmel. Der Weg liegt im Herzen."

* * *

„Das beste Gebet ist Geduld."

* * *

„Gut zu reisen ist besser als anzukommen."

* * *

„Glaube nichts, weil ein Weiser es gesagt hat. Glaube nichts, weil alle es glauben. Glaube nichts, weil es geschrieben steht. Glaube nichts, weil es als heilig gilt. Glaube nichts, weil ein anderer es glaubt. Glaube nur das, was Du selbst als wahr erkannt hast."

„Lächle - und die Welt verändert sich."

* * *

„Die Lehre gleicht einem Floß, das man benutzt, um über einen Fluss ans andere Ufer überzusetzen, das man aber zurücklässt und nicht mehr mit sich herumschleppt, wenn es seinen Zweck erfüllt hat."

* * *

„Jeder von uns ist allwissend. Wir müssen lediglich unser Bewusstsein öffnen, um unserer eigenen Weisheit zu lauschen. Das Herz kennt den Weg."

* * *

„Wenn du ein Problem hast, versuche es zu lösen. Kannst du es nicht lösen, dann mache kein Problem daraus."

* * *

„Es nützt nichts, nur ein guter Mensch zu sein, wenn man nichts tut!"

* * *

„Du wirst morgen sein, was du heute denkst."

„Wenn du wissen willst, wer du warst, dann schau, wer du bist. Wenn du wissen willst, wer du sein wirst, dann schau, was du tust.“

* * *

„Wer liebt, vollbringt selbst Unmögliches.“

* * *

„Nicht außerhalb, nur in sich selbst soll man den Frieden suchen. Wer die innere Stille gefunden hat, der greift nach nichts, und er verwirft auch nichts.“

* * *

„Das Leben ist kein Problem, dass es zu lösen gilt, sondern eine Wirklichkeit, die es zu erfahren gilt.“

* * *

„Es gibt nur eine Zeit, in der es wesentlich ist aufzuwachen. Diese Zeit ist jetzt.“

* * *

„Ein Mensch, der wenig gelernt, trottete wie ein Ochse durchs Leben: an Fleisch nimmt zu, an Geist nicht.“

„Der Geist ist alles - was du denkst, das wirst du."

* * *

„Gehe ganz in deine Handlungen auf und denke, es wäre deine letzte Tat."

* * *

„Wut festhalten ist wie Gift trinken und darauf warten, dass der Andere stirbt."

* * *

„Sprich mit reinen Gedanken und das Glück wird dir folgen wie dein Schatten."

* * *

„Güte ist durch die Erkenntnis von den Schlacken der Leidenschaft geläuterte Liebe."

* * *

„Nur wenige sehen ein, dass Dulden geduldig macht."

* * *

„Unsere Verabredung mit dem Leben findet im gegenwärtigen Augenblick statt. Und der Treffpunkt ist genau da, wo wir uns gerade befinden."

„Lob und Tadel bringen den Weisen nicht aus dem Gleichgewicht."

* * *

„Meditation bedeutet Weisheit, mangelnde Meditation bedeutet Ignoranz. Wisse, was dich voranbringt und was dich hemmt."

* * *

„Alles Geschaffene ist vergänglich. Strebt weiter. Bemüht euch, unablässig achtsam zu sein."

* * *

„Der Geist ist die Quelle aller Verwirrung."

* * *

„Der wahre Glaube wächst durch die Stimme eines guten Lehrers und eigenes Nachdenken."

* * *

„Fehlt der Eifer, schwindet die Weisheit."

* * *

„Hat jemand Einsicht gewonnen und gepflegt, hat der Tod nicht Gewalt über ihn."

BONUS 2 - Meditation lernen

„Bei der Meditation geht es nicht um den Versuch, irgendwo hinzugelangen. Es geht darum, dass wir uns selbst erlauben, genau dort zu sein, wo wir sind, und genauso zu sein, wie wir sind, und desgleichen der Welt zu erlauben, genauso zu sein, wie sie in diesem Augenblick ist." - Jon Kabat-Zinn

Meditation

Für die meisten Menschen bedeutet meditieren ein Gebet, Stillsitzen im Lotussitz, Augen zu und dabei „Omm" summen.

Meditierende sind sich schon lange dessen bewusst, dass die ursprünglich buddhistische Tradition viel mehr als das ist. „Stille Zeit" und „Innenschau" beschreiben die Meditation treffend, die mittlerweile im Leben vieler Menschen eine bedeutende Rolle einnimmt. Die Zeit, in der das Meditieren Esoterikern, Asiaten, Gurus und Spirituellen zugesprochen wurde, ist schon lange vorbei.

Meditieren ist für viele ein Weg, sich im Alltagsstress zu verlangsamen, sich auszuruhen, seinen Geist zu beruhigen und mit dem inneren Selbst in Kontakt zu treten sowie Frieden in dem Moment zu finden.

Sportler meditieren, weil sie sich darüber bewusst sind, dass sich im Inneren die Wurzel für ihren Erfolg befindet. Erfolgreiche Menschen meditieren und suchen dabei die Erfahrung der Ruhe und des Friedens. Glückliche Partner meditieren, weil sie sich in ihrem Inneren der Selbstliebe widmen. Wenn du dich selbst nicht liebst, kannst du auch niemand anderen innig lieben.

Was ist Meditieren?

Meditation leitet sich aus 2 lateinischen Wörtern ab: „Meditari“ (bedeutet zu denken, darüber nachzudenken und den Geist zu trainieren) und „Mederi“ (bedeutet zu heilen). Während der Meditation wird die Geisteskraft vollständig und anhaltend im gegenwärtigen Augenblick versammelt. In dieser Vertiefung wird der Geist ausgerichtet, wobei z.B. ein Gefühl liebevoller Güte entwickelt wird. Darüber hinaus können sich Selbsterkenntnis und weitere Einsichten einstellen.

Es gibt verschiedene Formen von Meditation, wobei die Achtsamkeitsmeditation am häufigsten praktiziert wird.

Dabei konzentriert sich der Meditierende auf die momentanen Sinneseindrücke, z.B. auf das Lauschen des eigenen Atems, damit er sich ganz auf den Augenblick besinnen kann. Die Empfindungen dabei werden nicht bewertet, damit ein bewusstes Erspüren des Selbst möglich ist.

Was benötige ich beim Meditieren?

Meditieren kann jeder Mensch so, wie er es möchte.
Einige Menschen benötigen Musik beim Meditieren, andere brauchen Räucherstäbchen oder ein spezielles Kissen und wiederum andere benötigen gar nichts. Wichtig ist, dass man es sich bequem macht, die Kleidung nicht zwickt und man während der Meditation nicht abgelenkt wird.

Wie gestalte ich die Meditation angenehm?

Die nachfolgenden Empfehlungen sollen dabei helfen, die Meditation wohltuend zu gestalten:

- ✓ Meditiere regelmäßig und am besten täglich. Erschaffe dir ein Ritual.
- ✓ Meditiere zur selben Zeit und am selben Ort, damit sich dein Geist an diese Zeit der Ruhe gewöhnen kann.
- ✓ Meditiere 10 Minuten, um das beste Ergebnis zu erfahren. Nutze ggf. einen leisen Timer.
- ✓ Sorge für Ruhe, lass dich nicht ablenken. Nimm das Telefon nicht mit an den Ort der Meditation.
- ✓ Sei geduldig, denn Meditation ist immer sanft. Setze Dich nicht unter Druck, bestimmte spirituelle Erlebnisse zu spüren.
- ✓ Übertrage die Ruhe der Meditation auf dein Leben. Lerne, nicht auf alle Gedanken zu reagieren und selbst in dem Moment zu entscheiden.

Wie führe ich die erste Meditation durch?

Die folgenden Empfehlungen dienen als Hilfestellung für die Mediation:

- ✓ Stelle einen Timer auf 10 Minuten, damit du während der Meditation nicht an die Zeit denkst.
- ✓ Setze dich gerade hin und richte deine Wirbelsäule auf. Trage bequeme Kleidung. Lege deine Hände entspannt in den Schoß oder auf die Knie. Schließe die Augen.
- ✓ Atme mehrmals ruhig tief ein und aus, um eine tiefere Entspannung zu spüren.
- ✓ Lausche deinem Atem und bleibe mit deinen Gedanken bei deinem Atem.
- ✓ Wenn deine Gedanken auf die Reise gehen, kehre zurück zu deinem Atem. Sei sanft mit dir und bleibe bei deinem Atem. Lass dich nicht von deinen Gedanken entführen sondern kehre immer wieder zu deinem Atem zurück. Lass deine Gedanken ruhig kreisen, fokussiere dich aber auf deinen Atem.
- ✓ Nach 10 Minuten kehre langsam zurück.

Welche verschiedenen Mediationsübungen gibt es?

Nachfolgend findest du verschiedene Mediationsübungen, welche du ausprobieren und in deine Meditationen integrieren kannst. Führe auch diese Übungen immer anhand der o.g. Hilfestellungen durch.

- ✓ **Energiestrom:**
  Stell dir beim Einatmen vor, dass mit jedem tiefen Einatmen ein Energiestrom in dich hinein fließt. Dieser erreicht nacheinander alle Körperteile von oben beginnend. Spüre die Energie in Augen, Ohren, Nase, Hals, Schultern, Oberkörper bis abschließend in die Zehen. Jeder Atemzug durchströmt die entsprechenden Körperteile bis in die Spitzen.

- ✓ **Gefühlsaustausch:**
  Stell dir beim Einatmen vor, wie du bestimmte, angenehme Gefühle, wie Ruhe, Freude, Entspannung, Frieden oder Harmonie in dich holst. Beim Ausatmen befreist du deinen Körper von unangenehmen Gefühlen, wie Stress, Schmerz, Unruhe, Hass und Leiden.

- ✓ **Meeresstille:**
  Stell dir vor du sitzt am Strand, vor dir das unendliche Blau des Meeres, es sind keine Wellen, du siehst aber Sonnenstrahlen, die sich auf der Meeresoberfläche spiegeln. Nun tauchst du mit deinem Körper in das Meer bis auf den Meeresgrund und spürst nichts außer Stille in dir. Dupliziere die Weite des Meeres und fühle die Stille in dich hinein, sei frei von Gedanken und verbleibe in der Stille.

- ✓ **Gluthitze:**
  Stell dir vor du bist von Feuer umgeben und für dich besteht jedoch keine Gefahr. Beim mehrmaligen Einatmen holst du die sengende Hitze in deinen Körper und spürst, wie du dich innerlich erhitzt. Nachdem du vollständig erwärmt bist, gibst du die Hitze beim Ausatmen wieder ab. Deine Körpertemperatur fühlt sich nach einigen Momenten wieder normal an.

- ✓ **Kaminfeuer:**
  Setz dich bequem vor deinen Kamin oder ein Lagerfeuer und schaue in die Flammen. Atme ruhig ein und aus und

spüre dabei tiefe Entspannung. Du empfindest intensive Leichtigkeit und bündelst deine negativen Gedanken, um sie beim Ausatmen in der Hitze des Feuers verglühen zu lassen.

- ✓ **Rosenzauber:**
  Nachdem du bequem Platz genommen hast, lege deine Hände an dein Herz. Atme mit geschlossenen Augen tief ein und aus, und stell dir vor dein Herz wäre eine Blumenknospe, die anfangs noch geschlossen ist. Mit jedem Atemzug öffnen sich die Blütenblätter mehr und mehr bis sich die Knospe schließlich in voller Blütenpracht erstreckt. Spüre, wie der Duft der Rose deinen Körper und den Raum erfüllt.

Probiere viele weitere Meditationsübungen aus, die du auch online recherchieren kannst und notiere dir die Übungen, die dir am besten gefallen haben. Erstelle dir daraus dein persönliches Meditationsportfolio für deine tägliche 10 Minuten - Meditation.

BONUS 3 - Begriffe und Bedeutungen im Buddhismus

Nachfolgend sind Begriffe aus dem Buddhismus mit kurzen Erläuterungen in alphabetischer, stichpunktartiger Reihenfolge aufgelistet.

Abhyudaya:
im Mahayana-Buddhismus bedeutet es weltliches Glück durch eine verdienstvolle Lebensführung

Achtfacher Pfad:
der Weg zur Aufhebung des Leidens

Achtsamkeit:
volles Bewusstsein seiner Gefühle, Gedanken und Handlungen in jedem Augenblick

Ahimsa:
steht für Gewaltlosigkeit

Akshobhya:
Name eines transzendenten Buddhas (Adibuddha), ist der Himmelsrichtung Osten zugeordnet

Amitabha:
Name eines transzendenten Buddhas (Adibuddha), ist der Himmelsrichtung Westen zugeordnet, Buddha des „Unermesslichen Lichtglanzes"

Amitabha-Buddhismus:
in den Schulen des Mahayana-Buddhismus hat Buddha Amitabha einen hohen Stellenwert

Arhat:
steht im Theravada-Buddhismus für einen Buddha

Atman:
aus der indischen Philosophie, im Buddhismus wird oft Bezug darauf genommen

Bambuswald-Schule:
Schule vom vietnamesischen Mahayana-Buddhismus des Lehrers Lieu Quan (einem Asketen vom Bambuswald), lehrte zu Beginn des 14. Jahrhunderts Buddhismus

Bedingtes Entstehen:
beschreibt, wie es zu der leidhaften Serie der Wiedergeburt kommt und wie sie zu schließen geht

Begtse:
im tibetischen Buddhismus ein Schützer der Lehre Buddhas (Dharmapala)

Bhagvan:
ein Beiname Buddhas

Bhaisajyaguru:
bezeichnet einen Medizin-Buddha im tibetischen und japanischen Buddhismus sowie in der tibetischen Medizin

Bhakti:
bedeutet Hingabe und Liebe

Bhante:
ehrerbietende Anredeform für buddhistische Mönche

Bhikkhu/ Bhikshu:
steht für buddhistischer Mönch

Bhikkhuni:
steht für buddhistische Nonne

Bimaranreliquie:
runde Dose aus Gold, gefunden in einer Stupa in Bimaran, Knochen von Buddha sollen darin sein

Bodhgaya:
„Ort der Erleuchtung“, hier fand Siddhartha Gautama unter einer Pappelfeige (Bodhi-Baum) die Erleuchtung („bodhi“)

Bodhicitta:
ist im Mahayana-Buddhismus das Streben nach Erleuchtung („bodhi“) zum Wohle aller Wesen, wird oft mit Erleuchtungsgeist übersetzt

Bodhisattva:
stammt von Bodhi („Erleuchtung“) und Sattva („Wesen“) und bezeichnet ein für die Buddhaschaft bestimmtes Wesen; im Mahayana-Buddhismus bezeichnet es jemanden, der Erleuchtung erlangt hat, aber zum Wohle aller Wesen auf das Eingehen ins Nirvana verzichtet

Bojjhanga:
7 Erleuchtungsglieder: Achtsamkeit, Wahrheitsergründung, Willenskraft, Verzückung, Gestilltheit, Sammlung und Gleichmut

Brahmavihara:
4 himmlische Verweilzustände: Güte, Mitgefühl, Mitfreude und Gleichmut

Buddha:
steht für „Erwachter“ oder „Erleuchteter“ und bezeichnet jemanden, der Bodhi („Erwachen“) erfahren hat. Siddhartha Gautama ist der „Historische Buddha“

Buddha-Natur:
Fähigkeit in den Lebewesen, um zu Buddhas zu werden

Buddhismus:
Lehrtradition und Religion, deren Gründung auf den historischen Buddha Siddhartha Gautama zurückgeht

Buddhologie:
Buddhismuskunde, die sich mit dem Studium der geistigen und materiellen Kultur des Buddhismus sowie mit Sprachen beschäftigt

Buddhistische Ethik:
bezeichnet die Grundlage buddhistischer Ethik, die Haltung des Nicht-Schädigens („ahimsa“)

Buddhistischer Kanon:
Sammlungen buddhistischer Texte, Lehrreden („Sutras“), disziplinarischer Schriften („Vinaya“) sowie philosophischer Texte („Abhidhamma“)

Chakravartin:
ein Herrscher, der ethisch und gütig über die gesamte Welt herrscht

Chöd:
buddhistische Lehre in Tibet zum „Abschneiden der Ego-Anhaftung“, wurde im Jahr 1092 von dem indischen Meister Padampa Sangye nach Tibet gebracht

Daibutsu:
bezeichnet große japanische Buddha-Statuen, z.B. im Tempel Tōdai-ji oder der rund 100 Meter hohe Ushiku Daibutsu

Dakini:
bedeutet Himmelstänzerin, tantrisches Geistwesen im tibetischen Buddhismus, welches die Fähigkeiten und die Absichten eines Praktizierenden überprüft

Dalai Lama:
ein bedeutender religiöser Titel des buddhistischen Tibets, der 14. Dalai Lama ist der Mönch Tendzin Gyatsho

Dāna:
Gabe, Spende oder Geschenk von Materiellem oder von Energie und Weisheit

Der Mittlere Pfad:
Prinzip der Vermeidung von Extremen

Deva:
Himmelswesen und Götter, gehören zum obersten der Sechs Daseinsbereiche

Dhammapada:
Sammlung der Aussprüche Buddhas

Dharani:
Texte, in denen die Lehre des Buddha in symbolhafter Darstellung zum Ausdruck kommt, ihnen wird eine magische Wirkung zugesprochen

Dharma:
Lehre Buddhas, bzw. auch die durch Buddha erkannte Wahrheit, ebenfalls Bezeichnung für die Daseinsfaktoren, d.h. die Konstituenten des Seins

Dharma-Übertragung:
ist im Zen die Nachfolgeermächtigung eines Zen-Meisters gegenüber einem Schüler

Dharmabeschützer/ Dharmapala:
im Mahayana- und im Vajrayana-Buddhismus verbreiteter Begriff zur Bezeichnung von

Beschützern der Lehre Buddhas

Dharmachakra:
Rad des Gesetzes/ Rad der Lehre, das Symbol der von Buddha verkündeten Lehre

Dharma-Rad:
wird mit acht Speichen abgebildet, welche den „Achtfachen Pfad“ zur Befreiung repräsentieren

Dharmakaya:
die ursprüngliche erleuchtete Natur des Geistes selbst; Buddhas, die den Dharmakaya repräsentieren werden als Ur-Buddhas und Adibuddhas bezeichnet

Dhyana:
Meditation, Versenkung oder Sammlung

Diamant-Sutra:
gehört zu den bedeutendsten Texten des Mahayana-Buddhismus, ist Inhalt der "Prajnaparamita-Sutras"

Diamantweg:
bezeichnet die Lehrpräsentation der von Ole Nydahl (geb. 1941) gegründeten Diamantweg-Zentren, auch Diamantweg Buddhismus genannt

Digha-Nikaya:
Sammlung von längeren Lehrreden

Dipamkara:
laut der buddhistischen Überlieferung ein Buddha, der schon vor Buddha Shakyamuni als vorzeitiger Buddha gewirkt haben soll

Dokusan:
japanisch für „zum Meister gehen", bezeichnet im Zen die Begegnung mit dem Meister unter 4 Augen

Drei Affen:
symbolisieren die Phrase „Nichts (Böses) sehen, hören, und sagen"

Drei Daseinsmerkmale:
Kennzeichen, die den physischen und psychischen Erscheinungen des Daseins innewohnen; 1. Alles ist vergänglich und dem Wandel unterworfen („Anicca"), 2. Alles ist dem Leiden unterworfen (Dukkha), 3. Alle Dinge und Phänomene sind ohne eigentlichen Wesenskern (Anatta), getrenntes und unveränderliches Selbst existiert nicht

Drei Geistesgifte:
sind Gier (lobha), Hass (dosa) und

Verblendung oder Unwissenheit (moha, avijj), die Heilmittel sind Großzügigkeit (dāna), Güte (metta) und Weisheit (pañña)

Drei Juwelen:
Buddha (der Lehrer), Dharma (die Lehre) und Sangha (die Gemeinschaft)

Drei Zeitalter:
Konzept, im chinesischen Buddhismus geprägt, welches den Verfall der buddhistischen Lehren (Dharma) seit Siddhartha Gautama beschreibt

***Dreifache Zuflucht*:**
Zufluchtnahme zu den „Drei Juwelen", durch welche man als Buddhist gilt

Dukkha:
steht für „schwer zu ertragen" und bedeutet Leiden, Unzulänglichkeit, Schmerz und Elend, Verletzung und Unbefriedigtheit; ist eines der „Drei Daseinsmerkmale" sowie die erste der „Vier Edlen Wahrheiten"

Dzogchen:
bedeutet „Die Große Vollkommenheit" (auch „Atiyoga" oder „Mahasandhi") und beinhaltet Lehren, welche traditionell in der

Nyingma-Schule vom tibetischen Buddhismus und beim tibetischen Bön als Essenz der Lehren Buddhas übertragen werden

Ekayana:
steht für „das eine Fahrzeug" und wird als das absolute Fahrzeug gesehen, es wird auch „Bodhisattva-yāna" oder „Buddha-yāna" betitelt, die Lehren von den anderen Fahrzeugen sind nur „geschickte Mittel" („upaya"), die zur Befreiung führen sollen

Endlosknoten:
bezeichnet ein Symbol im tibetischen Buddhismus, es erfolgt meistens eine stilisierte Darstellung eines Knotens aus einer Endlosschlinge

Erleuchtung:
ist der Vorgang des Erwachens, dem Ziel des spirituellen Entwicklungsweges des Buddhismus, es gibt 3 verschiedene Arten der Erleuchtung: 1. durch eigene Bemühungen („Pratyeka-Buddha"), 2. Mit Hilfe von Lehrern („Sravaka-Buddha"), 3. Durch eigenes Bemühen mit der Fähigkeit den Dharma zu lehren („Samyak-Sambodhi")

Fo Guang Shan:
ist ein Chinesisch-buddhistischer Orden der Mahayana-Tradition, welcher internationale Bekanntheit erreicht hat

Fuke-shū:
eine Bewegung im japanischen Zen-Buddhismus, wobei die Mitglieder fast ausschließlich ehemalige Samurai waren, wurde in der letzten Hälfte des 19. Jahrhunderts verboten

Gaoseng zhuan:
Sammlung aus dem Jahr 519 von Biografien buddhistischer Mönche aus China

Gasshō:
bezeichnet eine grundlegende buddhistische Grußgeste („Mudra")

Gebetsfahnen:
sind Fahnen mit den Farben rot, gelb, weiß, blau und grün, welche die traditionelle tibetische Gebetsformel „Om mani padme hum" tragen, sind im Himalaya-Gebiet an jedem Pass und auf jedem Gipfel zu finden

Gebetsmühle:
bezeichnet ein Rad oder eine Walze, welche

Gebete oder Mantras enthält, das Drehen der Gebetsmühle soll nach buddhistischer Überzeugung gutes Karma anhäufen

Gelug:
bedeutet tugendreich, und ist die jüngste Schule der vier Hauptschulen des tibetischen Buddhismus (Vajrayana), Anhänger dieser Schule bezeichnet man als als „Gelbmützen" , Dalai Lamas und die Penchen Lamas sind die bedeutendsten Lamas der Gelug-Schule

Geshe:
bezeichnet den buddhistischen Gelehrtengrad im tibetischen Buddhismus

Gompa:
bezeichnet einen buddhistischen Tempel in Tibet, Ladakh, Nepal und Bhutan

Graeco-Buddhismus:
bezeichnet das Ergebnis einer kulturellen Vermischung zwischen der griechischen Kultur und dem Buddhismus, welcher sich innerhalb von 800 Jahren im Gebiet des heutigen Afghanistan und Pakistan entwickelte

Grüne Tara:
beschreibt einen weiblichen und friedvollen

Buddha und Bodhisattva im tibetischen Buddhismus, welcher das aktive Mitgefühl aller Buddhas verkörpert

Guanyin:
bezeichnet einen weiblichen Bodhisattva des Mitgefühls (eine chinesische Variante des Bodhisattva Avalokiteshvara) im ostasiatischen Mahayana-Buddhismus und wird im Volksglauben als Göttin verehrt

Guruyoga:
bezeichnet eine Meditationsübung, welche im Vajrayana des tibetischen Buddhismus angewendet wird und bei der der Vajrayana-Praktizierende seinen unerleuchteten Geist mit dem Geist seines Hauptlehrers identifiziert

Hachiman:
ist ein populärer japanischer Gott, der im japanischen Buddhismus sehr verehrt wird

Herz-Sutra:
ist einer der bekanntesten Texte im Mahayana-Buddhismus und beschreibt die Sichtweise zur Shunyata, der Kernsatz dabei ist „Form ist Leere, Leere ist Form“

Hinayana:
steht für „kleines Fahrzeug“ und ist einer der beiden großen Hauptströme des Buddhismus, der zeitlich dem Mahayana vorausging

Hishiryō:
bedeutet „Denken aus dem Grunde des Nicht-Denkens“ und bezeichnet im japanischen Zen-Buddhismus den Zustand, in welchem klar wird, dass die letzte Wirklichkeit jenseits des Denkens liegt

Hotei:
ist eine Figur, die meistens als dickbäuchiger, lachender Mönch dargestellt wird, nennt man auch „Lucky Buddha“ (Glücksbuddha) oder „Laughing Buddha“ (lachender Buddha)

Hungergeist:
beschreibt die hungrigen Geister aus den „Sechs Daseinsbereichen“, die in ihrer Vorexistenz habgierig, geizig oder gefräßig waren

Icchantika:
sind Wesen im Mahayana-Buddhismus, die niemals Erleuchtung erlangen können

Jataka:
ist wie ein Märchen eine lehrreiche Geschichte, die aus dem Leben des historischen Buddha Siddhartha Gautama und dessen früheren Existenzen erzählt

Jhana:
bezeichnet meditative Versenkungszustände, die durch die intensive Konzentration („samadhi") auf ein einzelnes geistiges oder auch körperliches Objekt erreicht werden können

Jizō:
bezeichnet eine in Japan bekannte Bodhisattva-Figur, die als buddhistischer Mönch mit kahl geschorenem Schädel dargestellt wird, der in einer Hand einen Pilgerstab hält, symbolisiert die Rettung von leidenden Wesen aus der Hölle

Jōdo-Shinshū:
japanische Schule des Amitabha-Buddhismus aus dem 13. Jahrhundert, hierbei steht das Vertrauen in den transzendenten Buddha Amitabha und die Hoffnung auf eine Wiedergeburt in seinem „Reinen Land" („jōdo") im Vordergrund

Jōjitsu-shū:
ist eine buddhistische Schule in Japan während der Nara-Zeit

Jonangpa:
ist im tibetischen Buddhismus eine Unterschule der Sakya-Tradition, existierte bis ins 17. Jahrhundert

Kadampa:
ist im tibetischen Buddhismus eine Schule, die im 14. Jahrhundert in die vier Linien des Tibetischen Buddhismus aufging

Kagyü:
bezeichnet eine Schultraditionen des tibetischen Buddhismus

Kalacakra:
steht für „Das Rad der Zeit" und ist ein Praxissystem des tibetischen Buddhismus, steht auch für die tantrische Gottheit, und das der Praxis dieser Gottheit zugrundeliegende Wurzeltantra

Kampheng Kaeo:
ist eine spezielle Mauer in einem Wat, einer buddhistischen Tempelanlage in Thailand

Kanbutsue:
ein Fest in Japan zum Geburtstag Buddhas, das immer am 8. April gefeiert wird

Kapilavastu:
ist die Hauptstadt des Staates der Shakyas in Nordindien und der Ort, an dem Siddhartha Gautama seine Jugendjahre verbrachte

Karma:
bezeichnet das Wirken und die Tat sowie das Prinzip von Ursache und Wirkung,
spiegelt das sinnliche Begehren und das Anhaften an die Erscheinungen der Welt (Gier, Hass, Verblendung) wider

Karuna:
beschreibt das Mitgefühl, im Sinne von Mitleid; ist neben Metta (Liebende Güte), Mudita (Mitfreude) und Upekkhā (Gleichmut) eine der vier himmlischen Verweilzustände (Brahmavihara)

Kathok:
ist eine Unterschule der Nyingma-Schule im tibetischen Buddhismus

Keisaku:
bezeichnet einen Stock mit dem im Zen-

Training bei längeren Sitzperioden den Übenden wenige Schläge auf die Schultern (Schultermuskel) gegeben werden, um Unkonzentriertheit, Unachtsamkeit, Schläfrigkeit und Verspannung zu überwinden

Kenshō:
steht für ein initiales Erweckungserlebnis, dem Erkennen der eigenen Buddha-Natur und ist die Vorstufe zum vollständigen Erwachen („Satori")

Kesa:
ist ein Teil des buddhistischen Mönchs- bzw. Nonnengewandes, dabei handelt es sich um ein aus mehreren Stoffstreifen zusammengenähtes Tuch

Khao Phansa:
bezeichnet den ersten Tag der dreimonatigen Regenzeitklausur, bei der die Mönche in ihren Tempeln verweilen

Kinhin:
meditatives Gehen im Zen

Kōan:
sind kurze und paradoxe Geschichten und Fragen oder Dialoge im Zen, bei denen die

Erkenntnis der Nichtzweiheit das Ziel ist

Kurukulla:
ist eine mögliche Erscheinungsform der Tara (dem weiblichen, friedvollen Bodhisattva des tibetischen Buddhismus) und ist mit roter Körperfarbe dargestellt

Lama:
ist die Bezeichnung für einen Lehrer im Vajrayana

Lamrim:
setzt sich zusammen aus „Lam" (bedeutet Pfad) und „Rim" (bedeutet Stufen) und bezeichnet eine Praxisform des tibetischen Buddhismus mit 1000jähriger Tradition

Lebensrad:
steht für die bildliche Darstellung des Kreislaufs der Existenzen und dient als Meditationshilfe, als Mandala. Innen werden Gier, Hass und Verblendung, verkörpert durch Hahn, Schlange und Schwein, dargestellt und außen werden die zwölf Glieder des „Bedingten Entstehens" beschrieben

Linienhalter:
beschreibt einen Lama, der ermächtigt

wurde, alle tantrischen Übertragungen der jeweiligen Schule an seine Schüler weiterzugeben

Lokapala:
sind im Buddhismus die Wächter der vier Himmelsrichtungen und wurden traditionell paarweise am Eingang eines Grabes dargestellt, damit das Grab beschützt werden kann

Lotus:
ist ein Symbol im Buddhismus für die Wirkung der Lehre Buddhas, der Lotus wächst aus dem Schlamm bis zur Wasseroberfläche herauf und erblüht dann

Lumbini:
ist der Geburtsort von Buddha

Mae Chi:
sind buddhistische Frauen in Thailand, die auch als „Nonnen" bezeichnet werden, sie erfüllen meist Hilfsaufgaben und niedrige Dienste im Tempelbereich

Mahakala:
ist eine buddhistische Gottheit Tibets, der Mongolei und der Mandschurei, wird als der

zornvoll-kraftvolle Ausdruck des Mitgefühls des Bodhisattvas Avalokiteshvara angesehen

Mahamudra:
beinhaltet die Essenz der Lehren Buddhas im tibetischen Buddhismus, Grundlagen-, Pfad- und Frucht-Mahamudra werden unterschieden

Mahasiddha:
ist ein Meister, der die höchste Siddhi (Erleuchtung) erlangt hat

Mahayana:
steht für „Großes Fahrzeug“ und ist eine der beiden Hauptrichtungen des Buddhismus, wobei besonders der Aspekt der Praxis zum Wohle aller Wesen betont wird, durch Entwicklung von Mitgefühl und Weisheit wird das Ideal des Bodhisattva angestrebt, Mahayana gilt als 2. Drehung des Dharma-Rades, Vajrayana gehört zum Mahayana

Mahayana-Sutras:
sind Schriften der buddhistischen Literatur, die Grundlage der Schulen des Mahayana sind, von Theravada-Schulen werden Mahayana-Sutras nicht als authentische Lehrreden Buddhas anerkannt

Maitreya:
von großer Bedeutung im tibetischen Buddhismus und gilt dort als der Buddha der Zukunft und als der große kommende Weltlehrer und wird meistens sitzend dargestellt, ist der einzige im Theravada-Buddhismus anerkannte Bodhisattva

Makha Bucha:
ist ein buddhistisches Fest in Thailand, das an die Lehrrede, die Buddha 9 Monate nach seinem Erwachen hielt, erinnern soll

Makyo:
zeigt im Zen-Buddhismus eine Halluzination oder Illusion die während der Meditation auftreten kann, im Zen wird empfohlen diese Halluzination einfach unbeachtet stehen zu lassen und mit der Übung fortzufahren

Mala:
ist eine Kette mit über 100 Perlen, die um Hals oder Armgelenk gewickelt, getragen wird.

Manimegalai:
ein bekanntes tamilisches Epos, in der die Bekehrung einer jungen Frau („Manimegalai") zum Buddhismus beschrieben wird

Manisteine:
sind Steine, auf denen Mantras eingeritzt wurden, weit verbreitet in Tibet

Manjushri:
kennzeichnet einen Buddha (mit einem Schwert, dem Symbol für Weisheit, und einem Buch dargestellt) oder einen Bodhisattva (dargestellt mit femininen Zügen und/ oder auf einem Löwen reitend), je nach Überlieferung verschieden

Mantra:
ist eine kurze, formelhafte Wortfolge, die oft wiederholt wird und kann gesprochen, gesungen oder gedanklich rezitiert werden, im tibetischen Buddhismus ist das bekannteste Mantra „Om mani padme hum“

Mantrayana:
ist eine andere Bezeichnung für „Vajrayana“

Mappō:
ist das letzte der „Drei Zeitalter“ im Buddhismus, das Zeitalter der späten und bereits verfallenden Lehre

Mara:
steht wörtlich für „Tod“ und zeigt das

personifizierte Böse, in Legenden ist Mara der Gegenspieler des Buddha Shakyamuni, als Metapher findet man Mara für „das was Leiden verursacht"

Meditation:
ist eine geistige Übung, die zu Klarheit und Einsicht führen kann, im Buddhismus sind die Vipassana-Meditaion (Einsichts- oder Achtsamkeitsmeditation), Samatha-Meditation (Schulung von Geistesruhe) und Metta-Meditaion (Kultivierung von liebender Güte) bekannt

Meru:
ist laut buddhistischer Kosmologie ein unendlich hoher Berg, der das Zentrum des Universums bildet

Mijiao:
ist die umfassende Bezeichnung für alle esoterischen Lehren des tantrischen Buddhismus (Vajrayana)

Milindapañha:
ist ein bedeutendes Werk der nicht-mönchischen Tradition in der buddhistischen Schule des Theravada und zeigt eine grundlegende Einführung in den Buddhismus

Mindroling:
bezeichnet eine Unterschule der Nyingma-Schule im tibetischen Buddhismus

Mittlerer Weg:
ist das Prinzip der Vermeidung von Extremen, wird mit dem Gleichnis der Saite eines Musikinstrumentes beschrieben: ist sie zu wenig gespannt entsteht kein schöner Klang und ist sie zu stark gespannt, kann sie reißen; nur wenn eine Saite die richtige Spannung hat (zwischen den Extremen) kann ein schöner Klang erzeugt werden

Moggalana/ Mahamoggalana:
war mit „Sariputta" einer der beiden Hauptschüler Buddhas, und war für seine übernatürlichen Kräfte bekannt

Moksha:
bezeichnet Erlösung und Befreiung, wird oft auch als Erleuchtung bezeichnet, ist im Hinduismus das letzte der vier Lebensziele

Mokugyo:
ist ein Schlaginstrument aus Holz, welches in verschiedenen Mahayana-Traditionen des Buddhismus als Begleitinstrument bei Rezitationen verwendet wird

Mudita:
steht für Mitfreude und kennzeichnet einen der „Vier himmlischen Verweilungszustände"

Mudra:
ist eine symbolische Handgeste, die bei vielen Darstellungen von Buddhas, Bodhisattvas oder hinduistischen Gottheiten zu finden ist. Siddhartha Gautama wird oft mit der Bhumisparshamudra, der berühmten Geste der Erdanrufung, dargestellt, bei der die rechte Hand des sitzenden Buddhas zur Erde zeigt

Mukti:
steht für einen weiteren Ausdruck für Erlösung und Befreiung („Moksha")

Muschelhorn:
ist ein Blasinstrument, das im tibetischen Buddhismus bei Ritualen Verwendung findet, auch Schneckentrompete genannt

Mystik:
beschreibt die Suche nach sowie Berichte über die Erfahrung einer höchsten Wirklichkeit

Naga:
ist eine Schlange, die ihren Kopf über den

meditierenden Buddha breitet, um ihn vor Unheil und Unwetter zu schützen

Narodakini:
bezeichnet ein tantrisches Geistwesen („Dakini“) im tibetischen Buddhismus

Nechung:
ist der Name einer Schutzgottheit der Lehren Buddhas („Dharmapala“)

Ngor-Tradition:
ist eine Unterschule der Sakya-Tradition im tibetischen Buddhismus

Nianfo:
sind Methoden wie Anrufungen mittels Rezitationen oder Gesang und Visualisierungstechniken zur Vergegenwärtigung von Buddhas und Bodhisattvas, besonders des Buddha Amitabha

Nichiren-Shōshū:
sind japanisch buddhistische Richtungen, in deren Mittelpunkt die Verehrung des Lotos-Sutra steht

Nihon Ryōiki:
in ein Textinhalt über 116 frühbuddhistische Legenden

Niraya:
im Pali-Kanon verwendete Bezeichnung für das Dasein der „Hölle“

Nirmanakaya:
bezeichnet in der „Drei-Körper-Lehre“ („Trikaya“) des Mahayana-Buddhismus den Ausstrahlungs- oder Manifestationskörper eines Buddhas

Nirodha:
ist die 3. der „Vier Edlen Wahrheiten“, die Wahrheit der Aufhebung vom Leiden („dukkha“) und besagt, durch das Erlöschen der Ursachen erlischt das Leiden

Nirvana:
bedeutet „das Erlöschen“ und ist das buddhistische Heilsziel, der Austritt aus Samsara, dem Kreislauf des Leidens

Nirvana-Sutra:
ist ein Mahayana-Text, in dem die Buddha-Natur erklärt wird, denn wird die Buddha-Natur erkannt, führt das zur Befreiung von

allem Leiden und zum endgültigen Verlöschen im Nirvana

Nördliche Schätze:
beschreibt eine buddhistische Lehrtradition aus dem 14. Jahrhundert in der Nyingma-Schule des tibetischen Buddhismus

Nyingma:
ist die älteste der 4 großen Schulen des tibetischen Buddhismus und wird auch als „Schule der Alten" oder als „Schule der alten Übersetzungen" bezeichnet

O-Mamori:
sind kleine bestickte Stoffbeutel, die in buddhistischen Tempeln in Japan gekauft werden können und als Art Talisman dienen

Ōbaku-shū:
ist eine japanische Schule des Zen-Buddhismus, bei der Nembutsu des Amitabha-Buddhismus sowie Mantra und Dhāraṇī aus dem tantrischen Buddhismus in die Lehre integriert wurden

Der Ochse und sein Hirte:
beschreibt das Motiv im Zen-Buddhismus, welches den Weg eines Mahāyāna-

Buddhisten zur Erleuchtung anhand der Metapher des Ochsen (für Erleuchtung und wahres Selbst) zeigt

Ordinationslinie:
umfasst die Reihe von Ordinationen, die bis zu Siddhartha Gautama zurückreicht

Padmapani:
ist eine Erscheinungsform von Avalokitesvara, dem Bodhisattva des Mitgefühls

Pagode:
bezeichnet ein turmartiges Bauwerk, das Buddha und den Buddhismus symbolisiert, entwickelte sich aus indischen Stupas, und hat oft geschwungene Dächer und ist innen begehbar

Palden Lhamo:
steht für „strahlende, glorreiche Göttin" und ist eine Schützerin der Lehren Buddhas, die vorrangig in der Gelug-Schule des tibetischen Buddhismus von bedeutsam ist

Pali-Kanon:
wird oft als „Dreikorb" übersetzt, enthält eine der ältesten Aufzeichnungen der Buddhalehre, wurde im 1. Jahrhundert v. Chr.

in der Sprache Pali aufgezeichnet, umfasst 3 „Körbe“: den Korb der Ordensregeln („Vinayapitaka“), den Korb der Lehrreden Buddhas („Suttapitaka“) und den Korb der Abhandlungen („Abhidhammapitaka“), bildet die Grundlage des Theravada

Palyul:
ist eine Unterschule der Nyingma-Schule im tibetischen Buddhismus

Paramita:
sind folgende 6 Tugenden im Lotus-Sutra des Mahayana, die meistens als „Vollkommenheiten“ übersetzt werden: Freigebigkeit („dana“), ethische Richtlinien („silas“), Geduld („kshanti“), energetisches Bemühen („virya“), Meditation („dhyana“) und Weisheit („prajna“)

Parinirvana:
ist die finale Stufe im Buddhismus und beschreibt das „vollständige Erlöschen“, befreit vollkommen von Samsara, Bhavachakra, Karma und Wiedergeburt, alle Leiden lösen sich auf uns führen zur Erreichung der Erlösung

Pekar:
ist der Name einer Schutzgottheit der Lehren Buddhas („Dharmapala“), die im tibetischen Buddhismus sehr verehrt wird

Phowa:
beschreibt eine besondere Meditations-Praxis im tibetischen Buddhismus

Prajñā:
ist eine umfangreiche Weisheit, die alle Dinge und Phänomene im ganzen Universum durchbricht

Prajnaparamita:
bedeutet „die vollkommene Weisheit“ und ist im Mahayana-Buddhismus die Höchste der sechs Paramitas

Pudgalavada:
ist eine im 3. Jh. v.Chr. gegründete frühe Schule des Buddhismus

Puja:
ist die Bezeichnung für ein buddhistisches Ritual

Punabbhava:
ist ein Pali-Begriff für Wiederdasein oder Wiedergeburt

Rad des Lebens:
auch Lebensrad, stellt die Ursachenkette über den ewigen Kreislauf der Wiedergeburt dar

Rahula:
hieß der einzige Sohn von Siddharta Gautama, ist außerdem der Name eines Schützers von Buddhas Lehren („Dharmapala“)

Reinkarnation:
beschreibt die Wiedergeburt, im Buddhismus wird jedoch nicht dieselbe Person wiedergeboren, da eine permanente und unveränderliche Seele verneint wird

Rezitation:
beschreibt das laute Lesen von Texten

Rigpa:
im Dzogchen für „innerste Natur des Geistes“

Rōshi:
anderes Wort für einen Zen-Meister

Sadhak:
bezeichnet einen Sadhana-Praktizierenden

Sadhana:
bezeichnet die bildhafte Meditation auf die Gottheiten, deren Ziel die Vereinigung mit dieser ist

Sakyapa:
ist eine von 4 Hauptschulen im tibetischen Buddhismus und geht vom 1073 gegründeten Kloster Sakya aus

Samadhi:
wird mit „Fixieren" übersetzt und beschreibt den meditativen Zustand der Vertiefung, d.h der Geist ist ausschließlich auf ein Objekt gerichtet

Samana:
bezeichnet die Bettelmönche und die Asketen

Samantabhadra:
ist einer von 8 großen Bodhisattvas im Mahayana-Buddhismus und beschreibt den, der die „Weisheit der Wesensgleichheit" sowie die Güte verkörpert

Sambhogakaya:
bezeichnet den „Freudenkörper“ in der „Trikaya“ (Dreikörper-Lehre) im Mahayana-Buddhismus und kann ausschließlich von Bodhisattvas wahrgenommen werden

Samsara:
beschreibt den andauernden Zyklus des Seins, den Kreislauf von Werden und Vergehen als Geisteszustand, der von mangelnder Einsicht in die wahre Natur der Dinge geprägt ist, Ziel ist aus dem beständigen Wandern (“Samsara“) auszubrechen und das Nirvana zu erreichen

Samu:
beschreibt das meditative Arbeiten im Zen-Buddhismus und wird oftmals in Ergänzung zur Sitzmeditation („Zazen“) praktiziert

Samudaya:
beschreibt die 2. der „Vier Edlen Wahrheiten“; das Begehren, die Abneigung (negatives Begehren) und die Unwissenheit über die Natur des Leidens

Sangha:
bedeutet „Versammlung“ und war zunächst die Bezeichnung für buddhistische

Ordensangehörige wie Nonnen („bhikkhuni") und Mönche („bhikkhu"), im späteren Verlauf jedoch auch für Praktizierende des Buddhismus

Sariputta:
war einer von 2 Hauptschülern Buddhas und wird im Buddhismus als Buddhas rechte Hand bezeichnet, wurde von Buddha als weisheitsmächtigster Schüler betitelt

Sarvastivada:
ist der Namen einer Schule im frühen indischen Buddhismus, die sich ca. 250 v. Chr. nach dem 3. Konzil wegen Streitereien von der Schule der Vibhajjavada („Theravada") trennte

Satori:
steht für das Erleben der Erleuchtung im Zen-Buddhismus

Sautrantika:
ist der Name einer Schule im frühen indischen Buddhismus, gehört zum Zweig der Staviravada und spaltete sich um 150 v. Chr. von der Schule des Sarvāstivāda ab

Sechs Daseinsbereiche:
bezeichnet die Weltdarstellung im Mahayana-Buddhismus: Bereich der Götter („Devas“), Bereich der Menschen, Bereich der eifersüchtigen Götter, Bereich der hungrigen Geister, Bereich der Tiere sowie Bereich der Hölle

Sesshin:
bedeutet ein Zen-Training über mehrere Tage, welches von einem Zen-Lehrer geführt wird

Shakuhachi:
ist der Namen für die traditionelle japanische Bambusflöte, die bei der „Fuke-shū“ als Praxis zur Erleuchtung verwendet wird

Shakujō:
Name für den Priesterstock eines buddhistischen Mönches

Shamatha:
steht für eine Technik der Meditation, bei der sich auf ein bestimmtes Meditationsobjekt fokussiert wird, um durch diese intensive Konzentration zur tiefsten Versenkung und zu tiefstem inneren Frieden gelangen zu können („Jhanas“)

Shambhala:
beschreibt ein sagenumwobenes Reich im tibetischen Buddhismus, spielt im Praxissystem des Kalachakra eine bedeutende Rolle

Shastra:
bezeichnet in der buddhistischen Literatur einen erläuternden Kommentar zu einem Sutra

Shikantaza:
beschreibt eine Meditationsform im Zen, bei der man in bewusster Andacht sitzt

Shikoku-Pilgerweg:
bezeichnet einen buddhistischen Pilgerweg („Junrei") auf der Insel Shikoku in Japan, auf dem sich 88 Tempel befinden

Shingon-shū:
eine Schule des japanischen Buddhismus, die dem esoterischen Buddhismus zugeordnet wird, gegründet im Jahr 807 von Kūkai (774–835)

Shōmyō:
bezeichnet in Japan einen buddhistischen Ritualgesang

Shunyata:
steht im Mahayana-Buddhismus für Leere, Leerheit sowie Substanzlosigkeit

Siddha:
bezeichnet jemanden, der außergewöhnliche Kräfte („Siddhi") bekommen hat

Siddhartha Gautama:
ist der Begründer des Buddhismus, lebte von 563 v. Chr. bis 483 v. Chr. und lehrte als Erwachter („Buddha") den Dharma

Siddhi:
bezeichnet außergewöhnliche Kräfte, welche man durch spirituelle Praxis erreichen kann

Silas:
haben in jedem Buddhismus eine große Bedeutung und beinhalten die folgenden ethischen Übungsregeln: nicht töten, nicht stehlen, nicht lügen, kein sexuelles Fehlverhalten sowie den Geist nicht trüben

Sitatapatra:
bezeichnet eine tibetische Gottheit, die mit weißer Körperfarbe und einem Schirm in der linken Hand in der Mongolei dargestellt wird

Sitzmeditation:
bedeutet das Meditieren in sitzender Pose

Skandhas:
5 Gruppen, anhand derer alle Daseinserscheinungen untersucht werden können (Körper, Gefühle, Wahrnehmung, Geistesformationen sowie Bewusstsein)

Stupa:
ist ein Symbol für den Buddha sowie den Buddhismus und besteht aus einer quadratischen Plattform als Basis, darauf aus einem halbkugelförmigen Kuppelgewölbe und einer Spitze obendrauf, darin werden Reliquien von Buddha oder anderen bedeutenden buddhistischen Meistern aufbewahrt

Sukhavati:
ist der Name des Reinen Landes vom Buddha Amitabha, welcher große Bedeutung im Vajrayana hat und im Amitabha-Buddhismus sehr verehrt wird

Sutra:
bezeichnet Dialoge und Lehrvorträge von Buddha, Sutras wurden von den Schülern erst mündlich, später dann schriftlich aufgezeichnet

Suttapitaka:
bezeichnet eine Sammlung von Sutras

Tanha:
steht für „Begehren“ und „Verlangen“ und ist die Ursache für das Leid („Dukkha“) und für die Wiedergeburten („Samsara“)

Tapas:
bedeutet „Glut“ oder „Hitze“ und steht für asketische Übungen, die angewendet wurden, um die „spirituelle Befreiung“ zu erreichen

Tara:
bedeutet „die Retterin“ (auch „Dölma“) und beschreibt die weibliche, friedvolle Manifestation von erleuchteter Weisheit, gilt außerdem als Essenz des Mitgefühls

Tathagata:
wird mit „Der So-dahinglangte“ übersetzt und stammt von Buddha selbst, wurde verwendet wenn er von anderen Buddhas und von sich selbst redete

Teishō:
beschreibt das „Zeigen und Erfahren des Dharma“ im Zen durch einen Zenlehrer

Terma:
sind religiöse Lehren und Ritualgegenstände vom tibetischen Buddhismus, die für spätere Jahrhunderte bewahrt, und deshalb verborgen, werden

Thera:
beschreibt im Theravada einen Mönch („Bhikkhu"), welcher vor über 10 Jahren seine Vollordination („Upasampada") erhalten hat

***Theravada**:*
steht für „Schule des Ältesten" und umfasst die älteste, existierende Schule des Buddhismus, deren Grundlage ist das geschriebene Tipitaka, heute vorrangig in Sri Lanka, Thailand, Thailand, Laos und Kambodscha sowie in Teilen von Vietnam verbreitet

Tiantai zong:
ist eine bedeutende Mahayana-Schulen des asiatischen Buddhismus und wurde von Zhiyi (538-597) gegründet

Tibetischer Buddhismus:
beschreibt die Art von Buddhismus, welche sich in Tibet im 6. Jh. entwickelt hat, wird dem Mahayana zugeordnet

Tibetisches Totenbuch:
Einführung in den Prozess des Sterbens und der Wiedergeburt und die Alternative, daraus auszubrechen, nach dem tibetischen Meister Padmasambhava im 8. Jh.

Tonglen:
bezeichnet eine Form der Meditation im tibetischen Buddhismus und bedeutet wörtlich übersetzt „aussenden und aufnehmen“, der Meditierende stellt sich vor, das eigene Leid oder das Leid anderer Personen aufzunehmen und zum Positiven zu transformieren

Tope:
sind grabhügelähnliche Gebäude, in welchen Reliquien Buddhas und auch seiner Schüler aufbewahrt werden

Traumyoga:
ist eine Praxis des Vajrayana, hierbei wird geübt während des Traumschlafs einen wachen Bewusstseinszustand aufrecht zu erhalten und dabei die Fähigkeit zu erwerben, die Geschehnisse im Traum willkürlich zu lenken

Trikaya:
bezeichnet die „Drei-Körper-Lehre“ im im Mahayana-Buddhismus: Dharma-kāya (für Dharma-Körper), Sambhoga-kāya (für Körper des Segens) und Nirmāna-kāya (für manifestierte Körper)

Tripitaka Koreana:
ist eine der ältesten, noch existierenden buddhistischen Schriften, welche im Haeinsa-Tempel in Südkorea aufbewahrt werden

Troma Nakmo:
betitelt ein tantrisches Geistwesen („Dakini“) des tibetischen Buddhismus

Tsangpa Karpo:
bezeichnet eine Schutzgottheit der Lehre Buddhas (Dharmapala) im tibetischen Buddhismus

Tulku:
buddhistischer Meister im Vajrayana-Buddhismus, welchen man als Wiedergeburt eines früheren Meisters identifiziert hat

Tushita:
himmlische Welt, in der sich der kommende Buddha Maitreya aktuell befinden soll

Übertragungslinie:
ununterbrochene Kette der Dharma-Übertragungen von Lehrer zu Schüler

Upadana:
steht für das Festhalten am Vergänglichen, bewirkt im Buddhismus das „Anhaften" an Objekten, Ansichten und Meinungen und bezeichnet eine weitere Bindung an den leidvollen Kreislauf vom Werden und Vergehen (Samsara)

Upāsaka:
buddhistischer Laienanhänger, der sich durch die „Dreifache Zufluchtnahme" auch als dieser bekennt und die fünf Silas angenommen hat

Uposatha:
buddhistischer Feiertag zur inneren Einkehr und Erneuerung der Dhamma-Praxis, hat im Theravada-Buddhismus einen hohen Stellenwert

Vajra:
Symbol des Vajrayana-Weges und Bezeichnung für einen Ritualgegenstand, der in tantrisch buddhistischen Traditionen verwendet wird

Vajrapani:
steht für „Halter des Vajra"), bezeichnet einen Bodhisattva des Mahayana-Buddhismus, der vorrangig im tibetischen Buddhismus (Vajrayana) angerufen wird

Vajrasadhu:
ein Schützer der Lehren Buddhas („Dharmapala")

Vajrayana:
Strömung des Mahayana-Buddhismus, in Indien aus der Verbindung mit dem hinduistischen Tantra entstanden, hat großen Einfluss auf den tibetischen Buddhismus, wird oft als Synonym für den tibetischen Buddhismus verwendet

Vajrayogini:
Name eines tantrischen Geistwesen („Dakini") im Vajrayana

Vassa:
traditionelle, 3-monatige Rückzugszeit der buddhistischen Mönche während der Regenzeit

Vesakh:
bekanntester buddhistische Feiertag, am

Vollmondtag des vierten Monats wird eine Puja gefeiert, bei der man an die Geburt, die Erleuchtung und das vollkommene Verlöschen (Parinirvana) des Buddha gedenkt, stammt ursprünglich aus der Tradition des Theravada-Buddhismus

Vier Edle Wahrheiten:
sind Grundlage der Lehre Buddhas und Gegenstand seiner ersten Lehrrede in Sarnath; lauten wie folgt:
1. Das Leben im Daseinskreislauf ist leidvoll (Dukkha), 2. Die Ursachen des Leidens sind Begehren, Abneigung und Unwissenheit (Samudaya) 3. Durch das Erlöschen der Ursachen erlischt das Leiden (Nirodha), 4. Zum Erlöschen des Begehrens (und damit des Leidens) führt der „Edle Achtfache Pfad“ (Magga)

Vierfache Gemeinschaft:
Bhikkhu (Mönche), Bhikkhuni (Nonnen), Laienschüler/ -innen

Vijnanas:
im Abhidharma beschriebenes buddhistisches Modell des Geistes

Vijnanavada:
bedeutet Bewusstseinslehre, im 4. Jh. gegründet, philosophische Schule des Mahayana-Buddhismus, nach der alle Dinge nicht im Sinne manifester Wirklichkeit, sondern nur als geistige Phänomene des Bewusstseins („Vijnana") bestehen

Vinaya:
bezeichnet Ordensregeln für buddhistische Mönche und Nonnen

Vipassana:
Meditationstechnik zur Übung und Entwicklung von Achtsamkeit

Vipassi:
Buddha eines früheren Weltzeitalters

Visualisierung:
wichtige Meditationspraxis im tantrischen Buddhismus (Vajrayana), bei sich der Praktizierende verschiedene Buddha-Formen und Mandalas geistig sehr detailliert vorstellt

Visuddhimagga:
bedeutendes buddhistisches Werk aus dem 5. Jahrhundert n. Chr., zählt als erste vollständige

und systematische Darstellung des Theravada-Buddhismus

Wat:
thailändische Bezeichnung für eine buddhistische Tempelanlage

Weiße Tara:
weiblicher, friedvoller Bodhisattva des tibetischen Buddhismus, wird mit weißer Körperfarbe dargestellt

Windpferd:
ist im tibetischen Buddhismus das zentrale Element in der Mitte der vier allegorischen Tiere der Himmelsrichtungen, findet sich auch auf den tibetischen Gebetsfahnen wieder

Yamantaka:
eine büffelköpfige, zornvolle Meditations-Gottheit („Yidam") des tibetischen Buddhismus

Yab-Yum:
tibetische Bezeichnung für „Vater-Mutter", im tantrischen Buddhismus die Darstellung einer männlichen und einer weiblichen Gottheit bei der sexuellen Vereinigung, die mystische Aufhebung der Gegensätze wird symbolisiert

Yidam:

Bezeichnung im Vajrayana für „Meditations-Gottheiten", umfasst Meditations- und Visualisationspraktiken, die dem Praktizierenden die innewohnende erleuchtete Natur wachrufen

Yuga:

indisch-hinduistisches Wort für Zeitalter

Yūzū Nembutsu-shū:

Schule des Amitabha-Buddhismus in Japan, vom Tendai-Mönch Ryōnin (1072–1132) gegründet

Zazen:

japanisches Wort für Sitzmeditation

Zen:

eine Linie des Mahayana-Buddhismus, die ab dem 12. Jahrhundert nach Japan kam und dort neu ausgeprägt wurde

Zen-Garten:

japanischer Garten, der die japanische Philosophie widerspiegelt

Abschließend möchte ich mich herzlich bei Ihnen bedanken, dass Sie mit dem Erwerb dieses Ratgebers Vertrauen in mich gesetzt haben. Ich hoffe sehr, dass Ihnen das Buch gefallen hat und Sie nun mit dem Buddhismus vertrauter geworden sind.

Wenn Ihnen mein Buch gefallen hat, helfen Sie mir sehr, wenn Sie sich kurz Zeit nehmen würden, um mir eine positive Rezension zu hinterlassen.
Von Herzen ein großes Dankeschön dafür.

Sie können mir auch gern eine Nachricht per E-Mail an alexandramorgenstern@online.de senden. Ich freue mich über jedes Feedback.

Vielen Dank!

Ihre Alexandra Morgenstern

Quellenangaben:

https://de.wikipedia.org/wiki/Siddhartha_Gautama

https://www.religionen-entdecken.de

http://buddhismus-schule.de

https://gedankenwelt.de/das-karma-und-seine-12-gesetze/

Quellen Zitate:

https://mymonk.de/buddha-zitate/

www.Zitatezumnachdenken.com

Haftungsausschluss

Der Autor ist nicht haftbar für Verluste, die durch den Gebrauch dieser Informationen entstehen sollten. Der Inhalt dieses Buches repräsentiert die persönliche Erfahrung und Meinung des Autors und dient ausschließlich dem Unterhaltungszweck. Der Inhalt sollte nicht mit medizinischer Hilfe verwechselt werden. Die Nutzung dieses E-Books und die Umsetzung der darin enthaltenen Informationen, Anleitungen und Strategien erfolgt ausdrücklich auf eigenes Risiko. Der Autor kann für etwaige Unfälle und Schäden jeder Art, die sich bei der Umsetzung der in diesem Buch aufgeführten Tipps und Informationen ergeben, aus keinem Rechtsgrund eine Haftung übernehmen. Haftungsansprüche gegen den Autor für Schäden materieller oder ideeller Art, die durch die Nutzung oder Nichtnutzung der Informationen bzw. durch die Nutzung fehlerhafter und/ oder unvollständiger Informationen verursacht wurden, sind grundsätzlich ausgeschlossen. Rechts- und Schadensersatzansprüche sind daher ausgeschlossen.

Das Werk inklusive aller Inhalte wurde unter größter Sorgfalt erarbeitet. Der Autor übernimmt jedoch keine Gewähr für die Aktualität, Korrektheit, Vollständigkeit und Qualität der bereitgestellten Informationen. Druckfehler und Falschinformationen können nicht vollständig ausgeschlossen werden. Es kann keine juristische Verantwortung sowie Haftung in irgendeiner Form für fehlerhafte Angaben und daraus entstandenen Folgen vom Autor übernommen werden.

Urheberrecht

Impressum

1. Auflage

Digital Book Marketing | Postfach 11 35 | 17450 Zinnowitz

Printed in Poland
by Amazon Fulfillment
Poland Sp. z o.o., Wrocław

54262318R00087